GANAR, SIN TENER QUE PERDER

Jordan Milne
Martin Bjergegaard

GANAR,
SIN TENER QUE PERDER

Estrategias para crear un negocio
sin desequilibrar tu vida personal

EMPRESA ACTIVA
Argentina - Chile - Colombia - España
Estados Unidos - México - Perú - Uruguay - Venezuela

Título original: *Winning Without Losing*
Traducción: María Isabel Merino Sánchez

1.ª edición Febrero 2013

Reservados todos los derechos. Queda rigurosamente prohibida, sin la autorización escrita de los titulares del *copyright*, bajo las sanciones establecidas en las leyes, la reproducción parcial o total de esta obra por cualquier medio o procedimiento, incluidos la reprografía y el tratamiento informático, así como la distribución de ejemplares mediante alquiler o préstamo público.

Copyright © 2012 by Jordan Milne y Martin Bjergegaard
All Rights Reserved

© 2013 de la traducción *by* María Isabel Merino Sánchez
© 2013 *by* Ediciones Urano, S. A.
  Aribau, 142, pral. – 08036 Barcelona
  www.empresaactiva.com
  www.edicionesurano.com

ISBN: 978-84-92452-58-1
E-ISBN: 978-84-9944-499-4
Depósito legal: B-259-2013

Fotocomposición: Montserrat Gómez Lao
Impreso por: Rodesa, S. A. – Polígono Industrial San Miguel
Parcelas E7-E8 – 31132 Villatuerta (Navarra)

Impreso en España – *Printed in Spain*

DEDICATORIA

Para mis amigos y socios de Rainmaking que hicieron que nos lo pasáramos tan bien cada día en nuestra aventura compartida. Para mi esposa Annika, que siempre ha creído en mí, incluso cuando yo tenía serias dudas sobre si tenía lo necesario para sacar un libro decente al mercado. Y para mi hija, Mynte, por darme un motivo fantástico para buscar apasionadamente la receta de una vida plena y equilibrada.

MARTIN

Para mi familia y mis amigos, que quieren que sea feliz y con los que tengo la fortuna de contar. Me siento agradecido de tener la suerte de disfrutar de la oportunidad de elegir el rumbo de mi propia vida. Y para Martin por hacer que la experiencia de escribir este libro haya sido un fiel ejemplo de aquello sobre lo que escribimos.

JORDAN

LOS MITOS DEL SACRIFICIO Y EL TRABAJO DURO

Antes todo era sencillo. Podíamos confiar en algunas verdades básicas.

- Cuanto más duro trabajas, más dinero ganas.
- El éxito se alcanza con sacrificio.
- Triunfar es difícil.
- Tienes que elegir entre dedicarte a la familia o dedicarte a los negocios.
- El equilibrio es para el retiro o para después de «la gran salida».
- No hay tiempo para hacerlo todo.
- Es necesario que te exijas.
- El ganador es el que más se esfuerza.
- Cuantas más horas trabajes, más impacto causarás.
- Ser emprendedor significa no tener vacaciones durante varios años.
- La familia y los amigos son para los domingos.

Hoy estas afirmaciones ya no son verdad. Nos enfrentamos a una nueva realidad. Bienvenidos a la era de ganar sin tener que perder.

¡GRACIAS!

El contenido de estas páginas y su mensaje no habrían sido posibles sin la ayuda y la inspiración de muchas personas estupendas. Gracias... Os estamos muy agradecidos. Sois demasiados para nombraros a todos (perdonadnos, por favor), pero lo intentaremos:

Los lectores de los textos de prueba, nuestros colaboradores *online* más activos, y otros que nos han ayudado y apoyado de verdad: Sergey Turko, Fred Pullin, Søren Houen, Annie Milne, Brian Milne, Isla Milne, Avaleigh Milne, Monica Pereira, John Terry, Anders Bjergegaard, Matias Møl Darlsgaard, Artas Bartas, Sapumal Jayaratne, J.Winslow, Antonio José Arderius Baca-Balboa, Karen Cordingley, Kræn Hansen, Marni Galison, Prasad Chougule, Peter Tatishev, Jannick B.Pedersen, Roxanne Varza, Gregg Vanourek, Henning Daverne, Ole Høyer, Stever Robbins, Robert Gass, Prashant Raizada, Peer Kølendorf, Clint Nelsen, Jesper H. Andersen, Rasmus Ankersen, Prakash Idnani, Michael Bodekær, Søren Hougaard, Jesper Klit, Nicolai Frisch, Martin Markussen, Eileen Sutton, Jakob Algreen-Ussing, Linda Hickman, Jesper Krogh Jørgensen, Mike Michalowicz, Annika Dehlén Bjergegaard, Allan Rønne, Valdemar Rønne Jensen, Kim Johnson y Mynte, la hija de cinco años de Martin, que nos ayudó a elegir la portada.

Nuestros 25 modelos de conducta: Chad Troutwine, Markus Moberg, Torsten Hvidt, Henrik Lind, Randi Komisar, Nick Mikahailovsky, Caterina Fake, Peter Mægbæk, Christian Stadil, David Cohen, Derek Sivers, Ben Way, Bill Liao, Tony Hsieh, Jake Nickell, Maxim Spiridonov, Martin Thorborg,

Ganar, sin tener que perder

John Vechey, Jason Fried, Claus Meyer, Sophie Vandebroek, Brad Feld, Mitch Thrower, N. R. Murthy.

El equipo de *Ganar, sin tener que perder*: Bent Haugland (dirección de proyecto), Lélia Peuchamiel y Nele Wollert (comunidad *online*), Thomas Michaelsen Pethick y Johan Bichel Lindegaard (creación de la web), Thomas Holm-Hansen y Jonathan Friedman (colaboradores), Martin Skjerbæk, Natasha Larsen y Anine Hagemann (traducción), Nana Christiansen (texto), Ela Rudzinska (contabilidad), Jesper Klingenberg y Patricia Hepe (diseño).

Los socios de Rainmaking: Carsten Kølbek, Morten Kristensen, Morten Bjerregaard Nielsen, Mads Mathiesen, Kasper Vardrup, Alex Farcet, Kenneth Siber, Mats Stigzelius.

Y finalmente, pero no por ello menos importante, nuestro editor **Laurence Shorter**, autor del libro excepcionalmente inspirador y maravillosamente entretenido *The Optimist*.

ÍNDICE

La nueva dualidad óptima 17

Potenciadores de la eficacia. 15 estrategias para aumentar tu eficacia de manera exponencial 35
- #1 Monta tu rueda 36
- #2 Cabalga las olas 40
- #3 Haz una pequeña prueba 45
- #4 Duerme 51
- #5 Destaca 55
- #6 Ponte en marcha, coge impulso 61
- #7 Pon a las personas en primer lugar 64
- #8 Sal del garaje 68
- #9 No te esfuerces demasiado 73
- #10 Domina el arte de escuchar 76
- #11 Aprovéchate de la tecnología 82
- #12 Construye tu cerebro 87
- #13 Elige el momento adecuado 91
- #14 Adelgázate 94
- #15 Interactúa con la energía de los demás 100

Maneras nuevas de hacer cosas viejas. 5 ajustes que tienen un efecto profundo 103
- #1 Reinventa la reunión 105
- #2 Haz una lista para «hoy» 109
- #3 Conoce otras cosas 113
- #4 Dale un breve descanso a tu mente 116
- #5 Céntrate en lo rabiosamente importante 119

**Desconfía de los que malgastan tiempo y energía.
14 ideas para ayudarte a salvar los escollos** 125
    #1 Aprende cuándo decir basta 127
    #2 No tienes por qué «hacer que funcione» 132
    #3 Gánate tu mes extra 137
    #4 No envíes ese correo electrónico 142
    #5 Sé resuelto cuando importe 146
    #6 Simplifica tu vida 150
    #7 Usa el periscopio 155
    #8 Huye de los depredadores 158
    #9 Afloja el control 161
    #10 Haz que tu plan de negocios sea ligero y ágil ... 163
    #11 Deja de esconderte 169
    #12 Aprende a recaudar dinero 173
    #13 No dejes que la tecnología te controle 178
    #14 Sé un pacifista de los negocios 181

**Cuando el camino es cuesta arriba. 5 ideas que
te darán poder cuando vengan tiempos difíciles** 186
    #1 Ama tus escaleras 187
    #2 Descubre la oportunidad en el peligro 190
    #3 Recuerda que siempre hay un medio 193
    #4 Inténtalo muchas veces 199
    #5 Convéncete de que nunca es demasiado tarde ... 203

**Equilibrio de diseño. 10 elementos para dejar
de esperar que algo suceda y empezar a hacer
planes para que suceda** 206
    #1 Construye pensando en el equilibrio 207
    #2 Prepárate 211
    #3 Vuelve al 8-8-8 214
    #4 Crea sistemas de seguridad 218

Índice

- #5 Mejora tu ratio interior/exterior 222
- #6 Elige tu emplazamiento favorito 226
- #7 Consigue masa crítica 231
- #8 Identifica a tus futuros amigos 234
- #9 Ve a por todas 237
- #10 No lo compliques 243

Una nueva mentalidad. 10 ideas para una mejor calidad de vida 248
- #1 No vivas una vida diferida 249
- #2 Busca las cosas buenas 253
- #3 Ten un hijo, o haz como si lo tuvieras ... 256
- #4 Siente el fluir en casa 259
- #5 Devuelve algo a la sociedad, toma perspectiva 262
- #6 Replantéate la autodisciplina 265
- #7 Equilibra a tu equipo 268
- #8 Tú no eres tu trabajo 271
- #9 No temas perderte algo 275
- #10 Encuentra tu máscara de oxígeno 279
- #11 Aprende de todo lo que haces 285

Pasa a la acción. 6 pasos que dar esta semana 289
- #1 Prueba una hora de eficacia plena 290
- #2 No hagas cola 292
- #3 Haz lo peor primero 295
- #4 Busca un propósito 297
- #5 Identifica las trampas para elefantes ... 301
- #6 Tómate el día libre mañana 303

Conoce a los autores 306

Conoce al resto de nuestros modelos de conducta 311

PROPÓSITO LA BUENA VIDA DESCUBRE
REESTRUCTURA DISFRUTA SONRÍE LIBERTAD HOY
ÉXITO SUEÑA EFICACIA EXPONENCIAL ENERGÍA
FELIZ TENLO TODO MODELOS DE CONDUCTA FLUIR
LIBERTAD RESPIRA EQUILIBRIO IMPULSO
IMPACTO SECRETOS FORTUNA DOBLE
ÓPTIMO ENTUSIASMO MOVIMIENTO
DIVERSIÓN PRESENCIA PAZ MOMENTO
POSIBLE CRECE CAMBIO CÉNTRATE SALUD
ENTUSIASMO REVOLUCIÓN CUIDADO
GANAR SIN TENER QUE PERDER
AMISTAD VIAJA AMOR RELAJACIÓN HAZ LO QUE
TE GUSTA ESTAR PRESENTE DAR ELECCIÓN
ÉXITO ECONÓMICO FUERTE REFRÉSCATE
SUEÑA ABRE CAMINO UN NUEVO MOVIMIENTO
CÉNTRATE RISAS ALEGRÍA ESPONTÁNEO
SONRISA ÉXITO VALOR SUEÑA EMOCIÓN

LA NUEVA DUALIDAD ÓPTIMA

UNA VIDA DE ARREPENTIMIENTOS

«La fastidié.» Las palabras son de Sam Walton, fundador de Wal-Mart, y el hombre más rico de Estados Unidos desde 1982 a 1988. Esta confesión la hizo en su lecho de muerte, al comprender que apenas conocía a sus hijos y a sus nietos y que su esposa, pensaba, sólo permanecía junto a él por obligación. Durante toda su vida se había concentrado tanto en triunfar en sus negocios que lo había conseguido, sólo para darse cuenta de lo mucho que había sacrificado para obtener ese éxito. Sam había descuidado otros aspectos importantes de su vida; en su caso, dedicar el tiempo necesario para forjar y mantener una relación significativa con su familia. Es trágico que el suyo no sea un caso aislado y que haya otros numerosos relatos de personas con menos éxito que Sam que han acabado llegando a la misma y amarga conclusión.

Cabría suponer que es más corriente que los que tienen puestos destacados, de gran poder, con un montón de obligaciones y distracciones caigan en esta particular trampa vital, pero la realidad es que lo que Sam experimentó afecta a personas de todas las posiciones y de todos los sectores. Afecta a los emprendedores, a los cargos corporativos y a los empleados gubernamentales, y es un problema con el que se encuentran por igual desde los CEO hasta sus ayudantes. Se rompen las familias, se mata de hambre a las amistades y se pone en peligro la salud, y todo ello conduce a una vida que, antes o después, se verá llena de arrepentimiento. Cuando se nos pregunta qué es lo más importante en nuestra vida, la mayoría se apresura a decir que es la familia, los amigos y la salud. Y ¿cuál es uno de los motivos de la ruptura de las relaciones y la mala salud que se mencionan con más frecuencia? Acertaste: el trabajo.

En Japón han muerto tantas personas debido al agotamiento que le han dado su propio nombre a esta causa de fallecimiento: *Karoshi*, que significa «muerte por exceso de trabajo». Aunque *Karoshi* es el extremo, grados menores de agotamiento tienen efectos acumulativos, de largo alcance, en todos los elementos de nuestra vida. Y después de todo, **la mayoría no tratamos de impedir únicamente el desastre final, sino que buscamos de forma activa la mejor manera de vivir una vida plena y asombrosa:** tener éxito, además del tiempo y la energía para disfrutarlo.

Puede parecer difícil llegar a ser un emprendedor o magnate de los negocios exitoso y equilibrado. Cada nueva empresa es un pequeño milagro y, como un cohete lanzado al espacio, necesita una cantidad enorme de energía para que despegue del suelo. También se precisa una inmensa dedicación para hacer que llegue a ser algo grande, sostenible y ampliamente reconocido. Frente a un reto tan profundo, ¿puede haber el tiempo y la energía para lograrlo mientras tenemos una vida feliz, plena y equilibrada, una vida sin lamentar nada?

La respuesta es sí. Y te mostraremos cómo.

LA NUEVA DUALIDAD ÓPTIMA

Traemos noticias frescas de la frontera empresarial: por vez primera en la historia, hoy es posible, de verdad, ser alguien que pone a los amigos y la familia en primer lugar y, al mismo tiempo, crea un negocio y una fortuna desde cero. No tenemos por qué llegar a casa del trabajo cuando nuestros hijos ya están dormidos ni tampoco decir que no a los amigos que nos proponen tomar unas cervezas el viernes o jugar un partido de fútbol el fin de semana. Pasar seis u ocho semanas de vacaciones viajando por el mundo cada año o haciendo algo que no sea trabajar, que nos recarga de energía y amplía nuestras perspectivas, es no sólo una opción muy real, sino cada vez más un requisito previo para una eficacia óptima y sostenible.

Conforme averiguamos más sobre cómo funciona el cuerpo, la mente y la motivación humanos y, cuando los retos actuales exigen un nuevo conjunto de habilidades, está claro que la vieja estrategia de trabajar más que la competencia ya no es el único medio viable. **Ahora es posible optimizar nuestro éxito profesional y nuestra felicidad personal al mismo tiempo.** Lo llamamos «La nueva dualidad óptima». Con esta confluencia de factores en juego, ya no es necesario que haya competencia entre el éxito profesional y el personal, y esto significa que una de las más viejas creencias de la vida profesional, la que sostiene que el éxito exige sacrificio, se está quedando anticuada rápidamente.

Así pues, ¿en qué es pertinente la felicidad personal para un libro sobre la empresa? Después de habernos hecho esta pregunta durante largo tiempo, hemos llegado a la conclusión de que, por lo menos en un aspecto crucial, estamos de acuerdo con el Dalái Lama: el propósito de la vida debe ser sacar de ella tanta felicidad como sea posible. Las personas felices son más amables con los demás y mejores para el mundo que las que están siempre enfadadas. Cuando somos felices, tenemos más energía y nos sentimos más inclinados a ayudar a los otros. Como todos tenemos que marcharnos de aquí algún día, y todos nos regimos por el mismo principio de «desnudos llegamos, desnudos nos vamos», la única conclusión lógica es que debemos hacernos responsables de tener tantos minutos, horas y días felices en nuestra vida como sea posible.

Aunque la felicidad está determinada, en gran medida, por nuestros genes, crianza, elección de pareja en la vida y relaciones más cercanas, el trabajo ocupa un lugar entre los cinco factores determinantes en casi todos los estudios. En qué y con quién trabajamos son cuestiones importantes, como también lo es el tiempo que pasamos trabajando. Es muy difícil optimizar nuestra felicidad a largo plazo si debemos trabajar 16 horas al día, 365 días al año.

Del mismo modo, si nos dijeran que no se nos permitiría hacer ni una hora de actividad que pudiera ser definida como trabajo, entonces nuestra felicidad estaría igualmente comprometida.

Para la mayoría de personas, la «felicidad óptima» reside en algún punto entre 30 y 60 horas a la semana. El extremo inferior de esta escala suele ser aplicable si tenemos muchos otros compromisos o si estamos haciendo algo a lo que realmente no nos entregamos. El extremo superior de la escala es aplicable si hemos definido nuestro proyecto nosotros mismos, lo desarrollamos junto con personas que nos dan energía y no tenemos muchas otras grandes exigencias en nuestra agenda.

La gran tragedia es cuando nos obligamos a dejar atrás nuestra felicidad óptima en un esfuerzo por alcanzar el éxito. En el proceso, irónicamente y pese a nuestras mejores intenciones, también vamos más allá de nuestra eficacia óptima y, así, perdemos dos veces; somos menos felices de lo que podríamos haber sido y tenemos menos éxito del que podríamos haber tenido. La vida profesional está llena de gente que, si trabajara 10 o 20 horas menos a la semana, podría ser más feliz y tener más éxito, a la vez. Quizá seas uno de ellos.

LA LEY DE LOS RENDIMIENTOS DECRECIENTES

Veamos un ejemplo. En la escuela, muchos aprendimos un concepto llamado «rendimientos decrecientes» o «rendimientos marginales decrecientes». La esencia es que extraemos mucho valor de la primera unidad que añadimos, cada vez menos de las que siguen y, en cierto momento, cada unidad adicional crea un valor cero o un valor negativo.

Usamos este principio constantemente, de manera intuitiva, por ejemplo cuando regamos las plantas. La primera taza de agua es muy útil; realmente no sabemos si la planta necesita la siguiente taza y si la tercera va a ahogarla. Si alguna vez le hemos pedido a alguien que nos riegue las plantas mientras estamos de viaje, quizá le hemos dicho algo así: «Ya sabes, lo justo, no demasiado».

Formulada a principios del siglo XIX por el economista, político, millonario y escritor David Ricardo, la ley de los rendimientos decrecientes ha ganado importancia como una de las leyes matemáticas más valiosas. Ahora sabemos que esta ley también es aplicable a otros aspectos de la vida.

Los planificadores de producción llevan más de 100 años aplicando esta ley. Después de la Segunda Guerra Mundial el sector de la publicidad se convirtió en otro fiel discípulo. Los primeros 1.000 anuncios dan muy buen resultado, los siguientes 1.000 tienen un efecto mediocre y los 1.000 últimos sencillamente no valdrán la pena.

Los deportistas y sus entrenadores también lo saben. Cuando Haile Gebrselassie, el etíope, corredor de larga distancia, estableció un récord mundial en la maratón de Berlín, el 30 de septiembre de 2007, con un tiempo de 2.04.26, no se había entrenado día y noche en los meses y años que precedieron a la competición. Lo que había hecho era encontrar la cantidad de entrenamiento óptima, que le permitió derrotar a numerosos rivales que habían pasado muchas más horas entrenándose que él.

¿DÓNDE ESTÁ TU EFICACIA ÓPTIMA?

En nuestra vida laboral, nuestra educación, la empresa que estamos poniendo en marcha o la carrera que nos estamos labrando, la mayoría hemos percibido, en algún momento, un límite. Hemos probado periodos en los que trabajábamos tan duro que, al final, ya no éramos productivos. Perdíamos perspectiva, fuerza y motivación y necesitábamos días, incluso semanas, de descanso para recuperarnos. Seth Godin, emprendedor estadounidense, gurú del marketing, bloguero y autor superventas, cuenta que cuando empezaba se quedó en la oficina un mes seguido, trabajando constantemente para cumplir un plazo. Hasta aquí, todo bien, pero Seth se había exigido más allá de los límites y estuvo enfermo los seis meses siguientes. Sencillamente, había trabajado demasiado y había ido demasiado lejos en la escala de los rendimientos decrecientes. Su rendimiento estaba bien para un único mes, pero considerado en un periodo de siete meses, resultaba increíblemente ineficaz. Así pues, ¿dónde crees que está tu punto óptimo? Si sólo piensas en optimizar tus esfuerzos en el trabajo, ¿cuántas horas a la semana deberías pasar en la oficina? ¿30? ¿70? ¿100?

Podríamos pensar que depende del tipo de trabajo que hacemos. ¡Y estaríamos en lo cierto! Si nuestras tareas fueran rutinarias, no exigieran que pensáramos mucho ni entrañaran la colaboración o la creatividad, probablemente podríamos ser productivos durante más horas que si fuéramos controladores aéreos o cirujanos del corazón. Cuanta menos concentración y focalización requiera una actividad, más horas podemos continuar haciéndola. Nadie quiere, por ejemplo, que los controladores aéreos permanezcan delante de la pantalla 100 horas a la semana.

Algunos trabajan demasiado poco en relación con su eficacia óptima; otros, demasiado.

Como emprendedores y líderes nos apasionan nuestros proyectos. Tenemos sueños y nos atrevemos a perseguirlos. Si a esto le sumamos nuestra actitud hacia el trabajo, tendremos unas personas muy motivadas. No obstante, nuestro trabajo es cualquier cosa menos rutinario. **Somos más comparables al controlador aéreo, que debe estar alerta, en todo momento, tomar decisiones cruciales y cooperar con otros para garantizar el éxito.**

Muchos seguimos creyendo, sin embargo, que logramos más si trabajamos 70 horas a la semana que si trabajamos 50. Esta lógica funciona bien en muchas situaciones industriales, donde una máquina puede soldar 10 unidades por hora o cargar cinco palés con bolsitas de té en 30 minutos. No obstante, se necesita una nueva clase de lógica cuando consideramos la clase de tareas a las que se enfrentan los emprendedores.

Por supuesto, no se trata de algo tan sencillo como cambiar algún tiempo sentado a la mesa por algún tiempo tumbado en el sofá. En realidad, lo interesante no es la relación entre «trabajo» y «no trabajo». Alguien debería inventar una palabra mejor que trabajo, porque la nueva generación de emprendedores y ejecutivos no «trabajamos». Jugamos, hacemos lo que nos gusta y desplegamos nuestro talento y nuestros sueños.

Tenemos más en común con los deportistas, músicos y escultores que con el tradicional obrero de fábrica o empleado de una oficina. Pero incluso los artistas y los deportistas experimentan unos rendimientos marginales decrecientes y, finalmente, negativos. Nadie sabe mejor que los pintores y escritores que la inspiración es necesaria para crear una obra maestra. No es posible encontrar la inspiración sentados delante de una tela o de un escritorio 100 horas a la semana. Es necesario mucho más. El equilibrio es una pieza importante de ese puzle.

EL EQUILIBRIO NO ES PARA LOS GALLINAS

En este libro, hablamos mucho del equilibrio y lo que queremos decir con «equilibrio» es «lo que tú consideras una buena vida». No presumimos de conocer tu «lista de cosas que hacer antes de morir» ni la manera ideal de distribuir las horas que estás despierto. Lo que hacemos es instarte a que pienses en ello, hagas una elección consciente, y te atrevas a diseñar tu propia vida del modo óptimo para ti.

Es posible que ahora estés pensando algo parecido a esto: «El equilibrio suena aburrido, débil y nada interesante. No quiero equilibrio; quiero una vida apasionante, con proyectos sensacionales, mucho éxito y un día de desenfreno haciendo *kite surf*».

Puede que tengas razón y quizá deberías darle este libro a tu primo, el sensible. Pero síguenos la corriente unos minutos más. ¿Por qué? Porque el equilibrio bien podría ser la clave para que vivas esa vida ideal.

Para la mayoría, una vida ideal es alguna combinación de los siguientes aspectos:

- Tener relaciones positivas con otras personas.
- Ser bueno en algo.
- Tener libertad económica.
- Sentirse bien física y mentalmente.
- Estar al tanto de todo y controlar su vida.
- Contribuir positivamente a algún gran propósito.

Reunir todos estos elementos y que cada uno tenga un papel importante en nuestra vida requiere bastante esfuerzo. Exige reflexión y estrategias inteligentes. Exige equilibrio. Por mucho que amemos nuestro trabajo, si no dejamos espacio para casi nada más, no estaremos en camino de conseguir una felicidad sostenible. También necesitamos dar y recibir amor, recibir aportaciones y experiencias totalmente diferentes, usar nuestro cuerpo y pasarlo bien con amigos viejos y nuevos.

Por otro lado, también podría ser que si sólo dedicamos 10 horas a la semana a trabajar en nuestro proyecto, porque estamos demasiado ocupados yendo de fiesta en fiesta, viendo la tele y gastando el dinero de alguien, acabáramos lamentando no alcanzar nunca los objetivos que nos fijamos. La cuestión es que, **tanto si nos gusta como si no, hay equilibrio o desequilibrio en nuestra vida y somos los únicos que podemos identificarlo y hacer algo al respecto.** El equilibrio no es para gallinas; es para los valientes. Y es, sin ninguna duda, posible.

TANTO EL MACHO COMO EL MÁRTIR HAN PASADO DE MODA

Entonces, si el equilibrio es para los valientes, ¿ser «muy macho» y alardear de que sólo hemos dormido dos horas cada noche durante una semana, porque estamos muy ocupados trabajando en un importante proyecto ya no impresiona a nadie? Exacto. Conforme la mayoría aprendemos más sobre cómo funcionan nuestro cuerpo y nuestro cerebro, también vamos siendo más conscientes de que vivir nuestra vida de esa manera es más estúpido que impresionante. Al final, ha-

La nueva dualidad óptima

bremos perdido más eficacia de la que habremos ganado perdiéndonos horas de sueño, tiempo de ocio y ejercicio.

No nos malinterpretes; por supuesto, exigirnos para conseguir un rendimiento máximo sigue valiendo la pena. Por ejemplo, es admirable batir nuestro récord personal de velocidad en una carrera de 10 kilómetros, aprender algo nuevo (aunque sea difícil) o preparar y ejecutar una presentación de ventas perfecta. **Pero presionarnos y reducir activamente nuestra eficacia total, con el resultado de sentirnos mal, bueno, eso es sencillamente estúpido.**

Algunos tenemos una mayor tendencia a jugar la carta del mártir, en lugar de la del macho. Trabajamos 16 horas seguidas para poder compadecernos de nosotros mismos. Si podemos gemir y quejarnos un poco para que los demás empiecen también a sentir lástima de nosotros, ese extraño placer será incluso mejor. Pero, sinceramente, ¿hasta qué punto es estupendo? Probablemente, tenemos una tía anciana que nos regala la versión cruda y sin límites de esta clase de conducta. ¿De verdad es ahí hacia donde queremos dirigirnos?

Es siempre más difícil verlo en nosotros mismos, pero intenta pensar si conoces a alguien que, con demasiada frecuencia, se hace el macho o el mártir. Quizás un amigo o un colega al que le gusta alardear de sus esfuerzos o que se compadece de sí mismo por sus sacrificios. ¿Tenemos razón al pensar que los veremos tal como son antes de que acaben su primera frase? Recuerda, tú eres igual de transparente.

EXPLORAR EL MUNDO

Este proyecto fue concebido un día, en mitad del invierno de 2009, cuando los dos (Martin y Jordan) nos conocimos en Copenhague. Descubrimos que, además de ser emprendedores, compartíamos la pasión por la búsqueda consciente de un nuevo paradigma para ejecutivos y emprendedores ambiciosos. Un medio para tener éxito, sin tener que aceptar sacrificios en nuestra vida personal.

Juntos, hemos pasado los dos últimos años explorando el globo, hablando con cientos de emprendedores, a la busca de ejemplos que marcaran esa casilla en particular, la de tener un éxito enorme y, también, ser felices y equilibrados: casos atípicos que ponían en tela de juicio las ideas sobre la correlación entre éxito y sacrificio. Mientras investigábamos, no tardamos en descubrir que había, de verdad, un cierto movimiento subterráneo, **un auténtico cambio hacia maneras más humanas y sostenibles de abordar el trabajo.**

Estos emprendedores fueron lo bastante generosos como para revelarnos lo que habían hecho para lograr lo que tantos pensaban que era imposible. La experiencia nos dio toda una lección de humildad.

La mayoría de esos emprendedores habían creado su fortuna en la década anterior. Al abordar su trabajo con una actitud diferente y un nuevo conjunto de estrategias, habían conseguido ser exponencialmente más eficaces que el emprendedor medio, y además, respetar su calidad de vida. Mientras construían sus empresas han conservado unas relaciones estupendas con la familia y los amigos, y siguen disfrutando de ellas, han viajado por todo el mundo y saboreado todas las grandes experiencias que la vida ofrece. Lo que resulta incluso más sorprendente es que no dirigían unos negocios pequeños, adaptados a su estilo de vida, sino empresas de muchos millones de dólares (incluso de miles de millones) que revolucionaban su sector. Sencillamente, habían encontrado su propia dualidad óptima.

65 EJEMPLOS DE INSPIRACIÓN

Este libro está estructurado en 65 artículos cortos, cada uno de los cuales revela una estrategia, método o información pertinente para «ganar, sin tener que perder». En ellos hemos condensado lo siguiente:

1: Nuestros diálogos personales con emprendedores de todo el mundo que han tenido éxito consiguiendo lo mejor de ambos mundos.

2: Investigaciones y consejos de expertos en psicología y eficacia de renombre mundial.

3: Las aportaciones, sabiduría e inspiración de las personas con quienes trabajamos, debatimos y vivimos.

4: Nuestras propias experiencias lanzando y dirigiendo empresas, incluyendo la exitosa fábrica de compañías, Rainmaking, una «fábrica de empresas emergentes»* que, en cinco

---

* O Start-ups. Una start-up es una empresa emergente. En el mundo de los negocios se denomina empresa start-up a aquella so-

años, ha conseguido dos ventas multimillonarias, una cartera de ocho empresas emergentes florecientes, con 50 millones de dólares en volumen de negocio y 90 empleados en Londres, Copenhague y Múnich. Todo esto al tiempo que nos tomábamos de seis a ocho semanas de vacaciones al año, recargábamos nuestras baterías, pasábamos tiempo con la familia y los amigos, viajábamos, hacíamos deporte, nos divertíamos y no trabajábamos casi nunca más de 45 horas a la semana. (Dicho de otro modo: ¡sí, es posible!)

Hemos dividido los artículos en siete secciones:

#1 Potenciadores de eficacia: 15 estrategias que te inspirarán para aumentar tu eficacia de modo exponencial. Como veremos, la relación entre aportaciones y resultados no es, en modo alguno, lineal; en el mundo de los emprendedores algunas personas se las arreglan para obtener ingresos millonarios por hora, mientras otras se esfuerzan igual de duro para llevarse a casa un salario mínimo como aprendices en McDonalds. Sé listo y sitúate en la categoría acertada.

#2 Maneras nuevas de hacer cosas viejas: cinco artículos que ilustran cómo hacer pequeños ajustes en nuestras actividades diarias (como pensar, aprender y preparar listas de cosas que hacer) puede tener un efecto enorme en lo que logramos, y en lo bien que lo pasamos mientras lo hacemos.

---

ciedad que, pese a su juventud y falta de recursos, consigue obtener resultados en el mercado y pasar a un siguiente nivel estructural al ser impulsada por otros inversores o absorbida por empresas ya consolidadas. *(N. del E.)*

#3 Es asombroso el tiempo que malgastamos diariamente. La mayor parte de lo que hacemos no crea ningún valor real en cuanto a resultados de negocio o felicidad personal. Es hora de reducir ese desperdicio: 14 artículos sobre **Cuídate de lo que te hace perder tiempo y energía.**

#4 No hay ninguna razón para negarlo; a veces ser emprendedor es duro. Nuestros modelos de conducta han tenido también su cuota de fracasos. Aprende de sus vidas y consigue cinco ideas que te darán poder para **Cuando el camino es cuesta arriba,** y conseguir una recuperación rápida y no demasiado dolorosa.

#5 La mayoría tenemos esperanzas de conseguir el equilibrio, pero muy pocos planeamos cómo lograrlo. Deja de jugar a la rueda de la fortuna y empieza a aplicar los diez sencillos elementos de la sección **Equilibrio de designio.** Te sorprenderá lo fácilmente que se puede alcanzar el equilibrio si te lo propones desde el mismo principio.

#6 En definitiva, todo tiene que ver con creer. Podemos aprender docenas o incluso cientos de métodos y estrategias para que nos ayuden a llegar a nuestra dualidad óptima. Pero si en nuestro corazón no creemos sinceramente que ese sitio existe (por lo menos para nosotros), todo será solamente una (otra) pérdida de tiempo. Diez artículos sobre cómo encontrar **Una nueva mentalidad.**

#7 Cuando se enfrentan a la inspiración de nuestros modelos de conducta, muchos reaccionan diciendo: «Genial —me han convencido—, ahora díganme específicamente qué puedo hacer aquí y ahora». Nuestro libro acaba con una sección en la que te instamos a **Pasar a la acción,** con seis artículos para que te prepares para tu propia versión de *Ganar, sin tener que perder.*

BIEN, PUES EMPECEMOS

La nueva dualidad óptima

CONOCE A UNA MUESTRA DE NUESTROS MODELOS DE CONDUCTA

Mira el resto en www.winningwithoutlosing.com, y en las páginas 311-313.

MITCH THROWER

Escritor, financiero, cofundador de The Active Network, Bump.com y muchas más cosas; también triatleta, participante 22 veces en la prueba de Ironman.

TONY HSIEH

CEO de Zappos.com, que fue adquirida por Amazon en 2009 por casi 1.000 millones de dólares. Anteriormente, fundó LinkExchange y se la vendió a Microsoft. Autor del éxito de ventas *Delivering Happiness*.

N. R. MURTHY

Multimillonario indio y fundador de la empresa de tecnología global, Infosys. Es miembro de los consejos de dirección de algunas de las empresas más poderosas del mundo, entre ellas HSBC, The Ford Foundation y Unilever.

BILL LIAO

Emprendedor y filántropo revolucionario. La fuerza impulsora que hay detrás de siete ofertas públicas iniciales (IPO, por sus siglas en inglés), entre ellas Xing.com.

JOHN VECHEY

Cofundador de PopCap Games, que recientemente fue comprada por Electronic Arts por unos 1.300 millones de dólares, aproximadamente.

CHAD TROUTWINE

Cofundador y CEO de Veritas Prep, empresa líder mundial de preparación para exámenes, cofundador de Freakonomics Media y productor de 10 largometrajes.

CLAUS MEYER

Chef, emprendedor, escritor y cofundador de un imperio de comida nórdica que incluye Noma, el restaurante número uno del mundo por dos años seguidos.

La nueva dualidad óptima

BRAD FELD

Inversor prolífico, director ejecutivo del grupo The Foundry y cofundador de TechStars. Recientemente Business Insider lo ha nombrado el capitalista de riesgo más respetado de Estados Unidos.

SOPHIE VANDEBROEK

«Intraemprendedora» y directora general de tecnología (CTO, por sus siglas en inglés) del gigante de la tecnología XEROX, con un volumen de negocio de 22.000 millones de dólares.

JASON FRIED

Cofundador y presidente de 37 Signals, coautor de *Reinicia : borra lo aprendido y piensa la empresa de otra forma* (Empresa Activa, Barcelona, 2010), éxito de ventas de *The New York Times*.

JAKE NICKELL

Cofundó Threadless.com con 1.000 dólares y la convirtió en una de las empresas de comercio electrónico más admiradas de Estados Unidos, con unos beneficios multimillonarios.

POTENCIADORES DE LA EFICACIA

→ 15 ESTRATEGIAS PARA AUMENTAR TU EFICACIA DE MANERA EXPONENCIAL

Cuando no cumplimos nuestros objetivos, la reacción natural de muchas personas es dedicar más horas a las tareas que están tratando de terminar. Pero eso es igual que empujar un coche cuesta arriba, en lugar de buscar un medio de poner en marcha el motor.

Claro, podemos quedarnos en la oficina hasta tarde. Pero ¿cambiará eso las cosas? Como máximo, añadir un 20 por ciento más de tiempo nos permitirá hacer un 20 por ciento más de trabajo, sin tener en cuenta el cansancio que podríamos sufrir. La verdadera cuestión es: **¿qué medidas tienen el potencial para hacer que seamos 10, 100 o incluso 1.000 veces más eficaces?**

Necesitamos un nuevo conjunto de estrategias que guíen nuestros actos. Veamos algunas de las más poderosas y eficaces que hemos aprendido en nuestra búsqueda de eficacia exponencial.

#1 MONTA TU RUEDA

MARTIN BJERGERGAARD

Según la mitología griega, en el principio de los tiempos, el hombre y la mujer estaban unidos como si fueran una rueda con dos cabezas. Rodaban juntos tranquilamente, despreocupados del mundo que los rodeaba. Esta comodidad pronto se convirtió en seguridad, que poco a poco se volvió arrogancia. Para castigarlos por esa arrogancia, los dioses los cortaron por el centro, separándolos para siempre. El mito afirma que, desde aquel día, hombres y mujeres se han sentido solos y buscan incansablemente, por todo el mundo, a su mitad perdida.

Aunque no te proponemos necesariamente volver a inventar la rueda o el pegamento que nos pegue a un cofundador, sí que podemos aprender una lección. **Si lanzas tu empresa emergente solo, eres la rueda partida en dos y careces del apoyo necesario para crear una empresa floreciente.** Quizá no te dediques a buscar tu mitad perdida por todo el mundo, durante toda la eternidad, pero tus posibilidades de éxito se ven drásticamente reducidas. Al actuar así solo te impones una enorme desventaja desde la línea de salida.

¿Qué tienen en común Adobe, Apple, Canon, Cisco, Garmin, Infosys, Intel, Microsoft, Oracle y Sun Microsystems? Sí, todas fueron empresas emergentes con un éxito enorme que han avanzado hasta convertirse en iconos internacionales,

pero hay algo más. Cada una de ellas fue fundada por dos emprendedores, por lo menos.

¿Hasta dónde habría llegado Bill Gates sin Paul Allen? ¿N. R. Narayana habría podido crear Infosys por sí solo? Es probable que no. Pero cuando Murthy se unió a sus seis cofundadores, crearon una de las empresas de tecnología mayores de la India, que los convirtió a los siete en multimillonarios y lo llevó a él a los consejos de algunas de las instituciones más poderosas del mundo, entre ellas HSBC, Unilever, UN Foundation, INSEAD, Wharton y la Ford Foundation.

¿Eres tú quizás una de las miles de personas esperanzadas que, en todo el mundo, aspiran a llevar su idea al siguiente nivel haciéndose con un codiciado lugar en un acelerador de empresas emergentes de primera fila? Quizá te consideras un lobo solitario y crees que es más valiente y admirable intentar construir la empresa tú solo. No obstante, las pruebas demuestran lo contrario. Probablemente, volar en solitario te eliminará de la carrera para unirse a proyectos tan destacados como Techstars, Y Combinator y Startupbootcamp. Paul Graham, cofundador de Y Combinator, y David Cohen, cofundador de Techstars, tienen la suficiente experiencia colectiva para saber que la tasa de éxitos es baja para los emprendedores que fundan una empresa en solitario. Ninguno de los principales aceleradores acepta equipos de un solo fundador, las probabilidades contra ellos son demasiado altas. ¿Piensas en recurrir, en cambio, directamente al capital riesgo (CR)? También el sector del CR respalda esta manera de pensar y busca también una «rueda completa». No hace mucho que Paul Graham escribió un artículo titulado «18 errores que matan a las nuevas empresas». ¿Y qué ocupaba el primer puesto en la lista de cosas que este emprendedor e inversor legendario decía que había que evitar a toda costa? El fundador único.

> **POTENCIADOR DE LA EFICACIA #1:**
> **REÚNE UN EQUIPO DE GRANDES COFUNDADORES**

#2 CABALGA LAS OLAS

JORDAN MILNE

No sólo puedes verla venir, también puedes sentirla. La resaca se mueve bajo tus pies y luego la corriente cambia. Te pones a remar rápidamente. La impaciencia aumenta. Puedes oír el agua. De repente se está moviendo velozmente y empieza a acelerar. Remas unas cuantas veces más. Con fuerza. El corazón te late más deprisa. En un movimiento final notas el poder del agua y empiezas a ponerte de pie en la tabla. Y entonces llega el momento..., no hay nada como coger una ola. Todo se hace uno. Te deslizas sin esfuerzo por el agua, esculpiendo giros. Sientes el poder debajo de ti. No sabes cuánto durará, pero es electrizante. Cuando el agua se funde finalmente en espuma, te sientes afortunado por haber cabalgado la ola.

A veces, trabajar puede ser una lucha. Llegas a la oficina por la mañana y nunca acabas de meterte en el flujo. Empiezas una tarea y te esfuerzas por realizarla, obligándote a trabajar en algo simplemente porque es lo que tienes delante. Te sientes como si te mantuvieras a flote encima de tu tabla. Llegas a la oficina temprano, sales tarde. Y al día siguiente, vuelves a las mismas.

Luego, hay veces en que todo encaja. Sencillamente lo sientes. La redacción de una propuesta fluye, sencillamente. Una tarea que debería llevar horas se hace en 20 minutos. Jason Fried

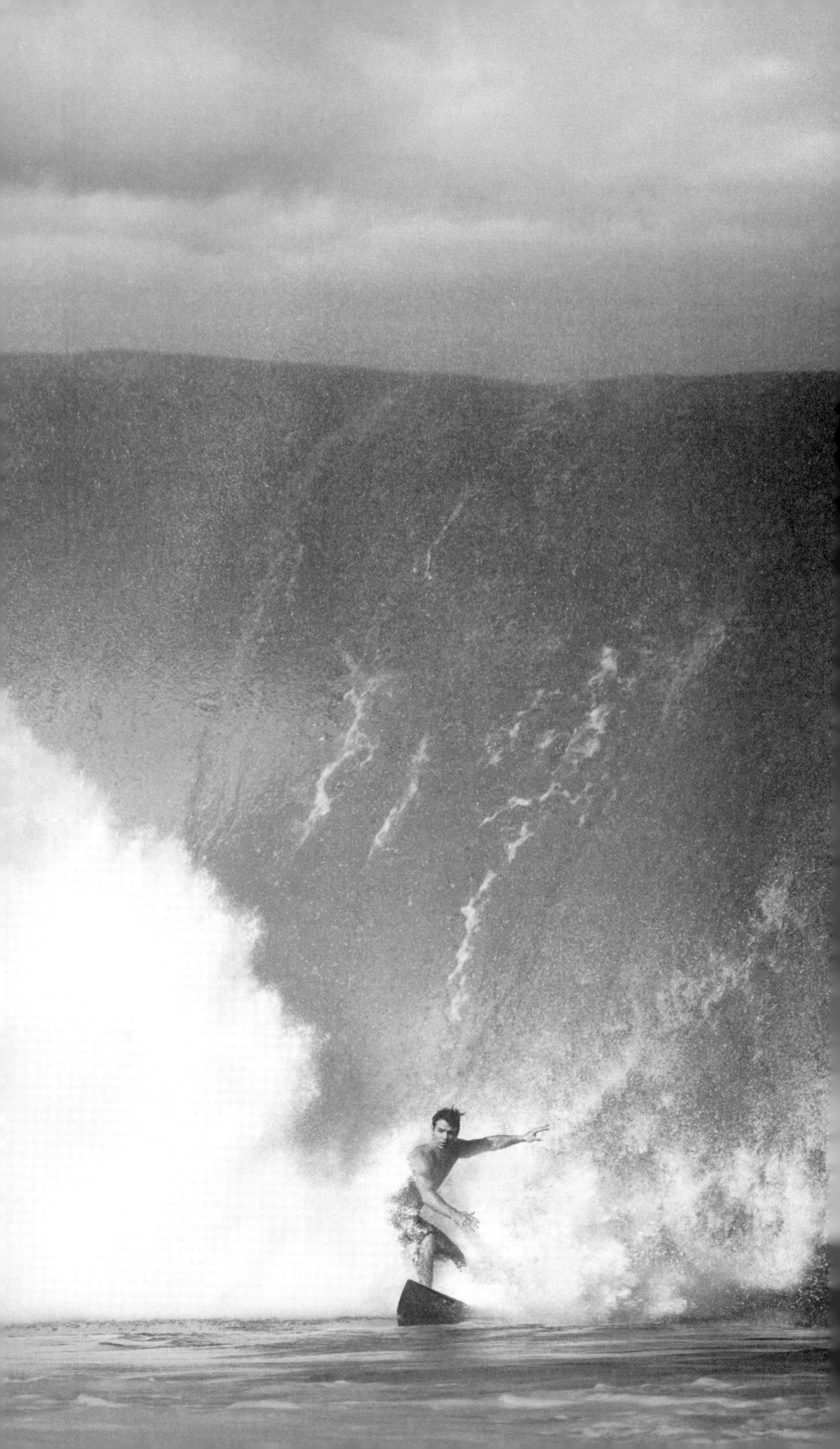

conoce esta sensación y sabe cómo sentirla más a menudo. Jason sabe cómo cabalgar las olas.

Fried es, de verdad, un emprendedor revolucionario. Es muy respetado en su sector, no sólo por sus productos, sino también por su manera de proceder. Sigue su propio ritmo y desafía el statu quo. Su estilo de empresa no es nada ortodoxo, y el mundo se da cuenta. Su libro *Reinicia: borra lo aprendido y piensa la empresa de otra forma* es un éxito de ventas internacional.

Jason Fried es el fundador de 37 Signals, una empresa con sede en Chicago que lanzó en 1999, junto con Ernest Kin y Carlos Segura. La compañía empezó como firma diseñadora de páginas web, pero el destino tenía otros planes. En 2003, un programador danés llamado David Heinemeier entró en el equipo para elaborar un software que pusiera orden en los muchos proyectos de diseño de la empresa. El propio software de colaboración no tardó en ser popular entre los clientes. Tan popular, de hecho, que en 2005 la empresa empezó a centrarse por completo en el desarrollo de aplicaciones para la web. Ahora, 37 Signals alardea de las mejores herramientas para hacer que trabajar en colaboración sea más fácil —herramientas como Basecamp, Highrise y Campfire— y tiene millones de clientes. Ahora que ya genera beneficios por muchos millones de dólares, 37 Signals debe de estar haciendo algo bien.

La compañía se financia a sí misma, excepto por un ángel inversor. Otros muchos han intentado subirse a bordo, pero sólo uno consiguió superar la prueba: Jeff Bezos, el fundador de Amazon.

Lo que quizás sea más notable en Jason Fried es que está realmente equilibrado. Es feliz, disfruta de la vida y trabaja menos de 40 horas a la semana.

Mientras que muchos emprendedores tienen que esforzarse para completar sus tareas diarias, Jason avanza alegremente. ¿Cómo lo hace? ¿Cómo trabaja de manera productiva y disfruta de lo que está haciendo, y se siente vigorizado, en lugar de abrumado? ¿Cómo atrapa las olas?

Una de las claves reside en la filosofía de Jason que le lleva a elegir en qué y cuándo trabaja. Presta atención a sus niveles de energía y trabaja en consecuencia. Es flexible y trabaja con su cuerpo y su mente, en lugar de obedecer siempre al reloj.

«Se trata de preguntar: ¿qué creo que haría bien en este mismo momento? Si no me siento creativo en este momento, probablemente no debería hacer nada creativo sólo porque esté en el trabajo. Debería hacer lo que tengo ganas de hacer. A veces, es pagar facturas, a veces, escribir una carta. Podría ser cualquier cosa. No importa qué hora es ni dónde estoy, cuando siento la energía para hacer algo, lo hago», me explica Jason en nuestra conversación por Skype.

Olvídate de la jornada laboral de nueve a cinco. Trabaja las horas que sean mejores para ti y ponte a hacer las tareas que te dan energía en ese momento. Siendo flexible, además de estar en sintonía con tus propios niveles de energía podrás atrapar más olas. **Cuando sientas que llega una ola de energía, ponte en situación de capitalizarla.** Sé flexible y pregúntate constantemente: «¿Qué creo que haría bien en este mismo momento?» Y hazlo. Seguro que lo harás con mucha más rapidez y con un nivel más alto que algo que te obligues a hacer. Al fluir con tus niveles de energía, en lugar de luchar contra ellos, puedes ser más eficaz. Tenemos energía en momentos diferentes del día. Ciclos diferentes. Descubre cuál es tu mejor programa y sintoniza con los niveles de energía de tu cuerpo.

Diseña tu propia vida; no vivas de acuerdo con las convenciones.

> **POTENCIADOR DE LA EFICACIA #2:**
> **ATRÉVETE A SEGUIR A TU ENERGÍA**

#3 HAZ UNA PEQUEÑA PRUEBA

MARTIN BJERGEGAARD

En 1996, McDonalds lanzó una hamburguesa de lujo con el propósito de reforzar su posición entre los clientes más maduros y preocupados por la calidad. Se invirtieron 300 millones de dólares en la innovación de producto más ambiciosa de la empresa hasta hoy. Grupos de focalización, análisis de tendencias y desarrollo del producto fueron seguidos por la campaña de marketing más cara que el mundo había visto nunca. Por desgracia, los clientes no compraban las nuevas hamburguesas y no tardaron en eliminarlas del menú. Aquel año, se depreciaron 300 millones de dólares en las oficinas centrales de Illinois.

En una compañía grande es devastador y caro cometer un error así, pero la vida sigue. Puede que echaran a la calle a un par de ejecutivos, pero la marca, el balance y la organización son, casi siempre, lo bastante fuertes como para soportar el golpe. Para una empresa que empieza, esto es muy diferente. Sólo tienes un número limitado de balas en el cargador, y si fallas, se acabó el juego. La caja del dinero está vacía y la confianza ha desaparecido antes incluso de que hayas empezado.

Los grupos de focalización y los cuestionarios son las herramientas favoritas de los consultores y académicos, pero son desvíos letales para los emprendedores.

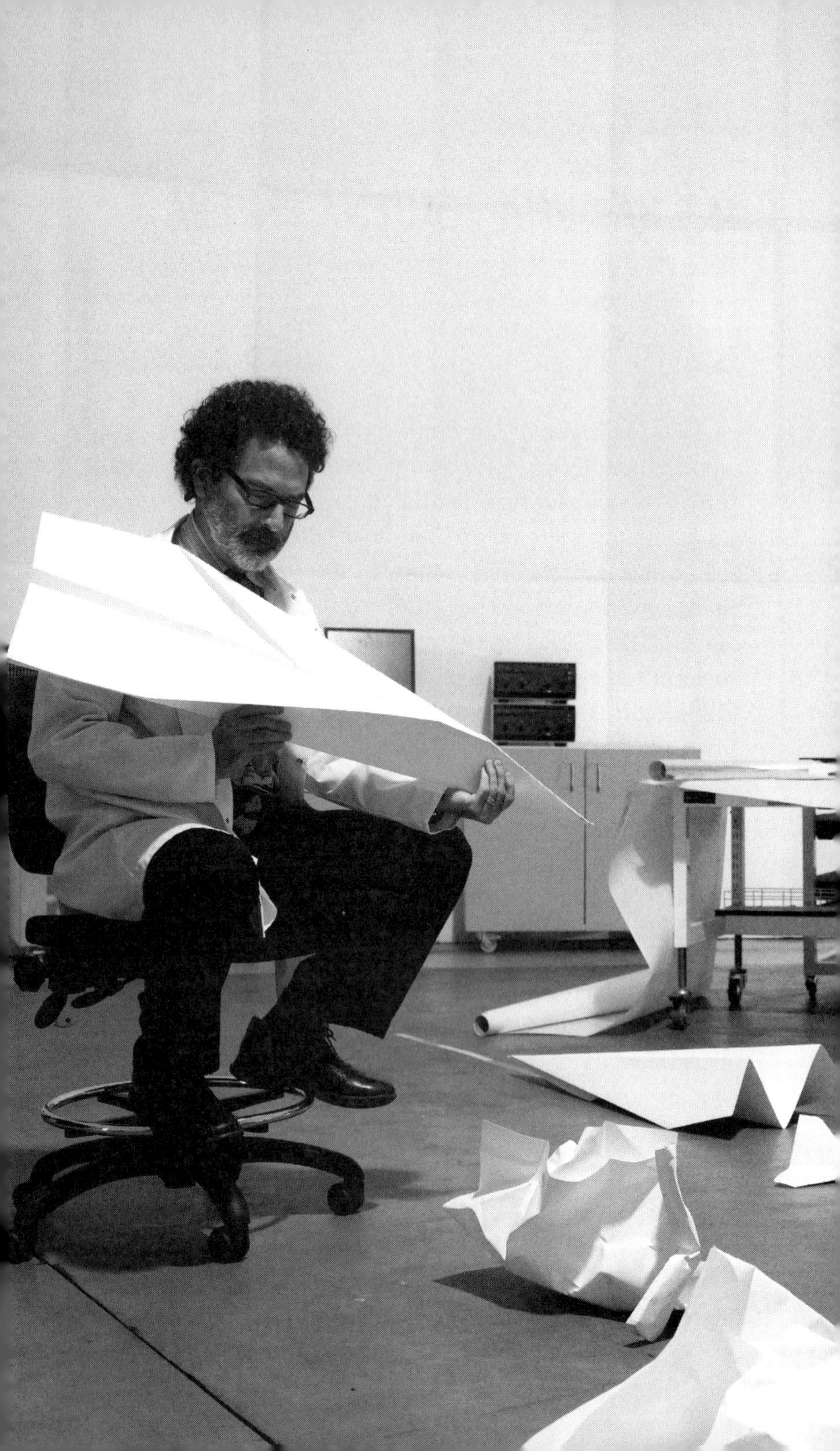

Potenciadores de la eficacia

En un grupo de focalización, los participantes dirán lo que creen que tú o el resto del grupo quiere oír. Rellenarán los cuestionarios sin pensar mucho en nada que no sea escapar de una situación molesta. **Sáltate las tácticas dilatorias, ve directo a tus clientes potenciales y trata de venderles tu producto.** Asegúrate de hacerlo antes de haber gastado una fortuna en acabar el propio producto; de lo contrario te arriesgas a que los clientes quieran algo totalmente diferente de aquello a lo que has apostado todo tu dinero.

Un principio fundamental en Rainmaking es que siempre hacemos una pequeña prueba. La hacemos para un nuevo producto, un nuevo empleado y también para una compañía totalmente nueva. Siempre es posible diseñar una prueba, aunque pueda parecernos incómodo vernos lanzados a la acción tan pronto. Muchos preferimos juguetear con investigaciones y encuestas antes que hacer visitas de ventas.

El contacto directo con los clientes revelará rápidamente si tu idea encierra un auténtico potencial. Puedes probar a crear una demo en Wordpress, Illustrator o incluso en papel maché; crea algo sencillo que transmita tu mensaje. Además, a los clientes les gusta involucrarse en el proceso, así que sé sincero y diles que te gustaría que te dieran su opinión.

Si nosotros, en Rainmaking, hubiéramos usado la misma estrategia que McDonalds con su hamburguesa de lujo, habrían acabado con nosotros varias veces. Casi la mitad de las empresas emergentes que hemos lanzado en los últimos cinco años han cerrado, pero siempre con una pérdida asumible de tiempo y dinero. Usando el método de la «pequeña prueba» fue posible, en todos los casos, recibir una respuesta real de mercado a cambio de una modesta inversión.

Uno de estos ejemplos fue el lanzamiento de nuestras empresas en Oslo, Noruega. Estábamos seguros de que conseguir los productos no sería un problema, así que empezamos directamente con las reuniones con clientes. Aunque no sabíamos exactamente qué productos íbamos a vender, teníamos una idea bastante aproximada, lo cual significaba que podíamos empezar a presentar el concepto a los consumidores.

No gastamos tiempo ni dinero en alquilar oficinas, porque en aquel sector los clientes no suelen visitar a sus proveedores. Lo único que hicimos fue celebrar docenas de reuniones durante un periodo de cuatro a seis meses con los posibles compradores. Al principio, pensábamos que todo iba bien, porque los compradores se mostraban muy receptivos y cordiales. Sin embargo, esta impresión positiva se desvaneció después de una segunda o tercera reunión, cuando les pedimos que se comprometieran y nos hicieran un pedido. Casi todos, declinaron respetuosamente. Lo que averiguamos es que la gente de Oslo es muy educada. Aunque habían asentido y sonreído agradablemente, lo que querían decir era «Gracias, pero no, gracias». Nos retiramos del proyecto, pero estábamos satisfechos por no haber dedicado tiempo y dinero para asegurarnos de tener los productos o decorando unas oficinas, porque era improbable que consiguiéramos introducirnos en el mercado.

Hoy, cuando recibimos una petición de un equipo de emprendedores con talento que quieren que invirtamos tiempo y dinero en ellos, acordamos ciertas tareas que realizar y unas metas concretas que alcanzar. De esa manera, tenemos algo específico en que trabajar juntos. Este proceso nos permite averiguar si compartimos los mismos valores y nos da la oportunidad de ver si son buenos ejecutando esas tareas. Lo que no hacemos es quedarnos sentados mirando una demostración de PowerPoint o comprobando si la hoja de cálculo de Excel ha sido preparada según el manual. Al hacer participar a un posible miembro de un equipo —o a un emprendedor— en una pequeña prueba, no sólo os ahorráis, ambos, tiempo y dinero, sino que, además, el trabajo que estáis haciendo juntos, como parte de vuestra mutua diligencia debida, es también mucho más divertido y gratificante.

**POTENCIADOR DE LA EFICACIA #3:
ACOSTÚMBRATE A PROBARLO TODO
A PEQUEÑA ESCALA**

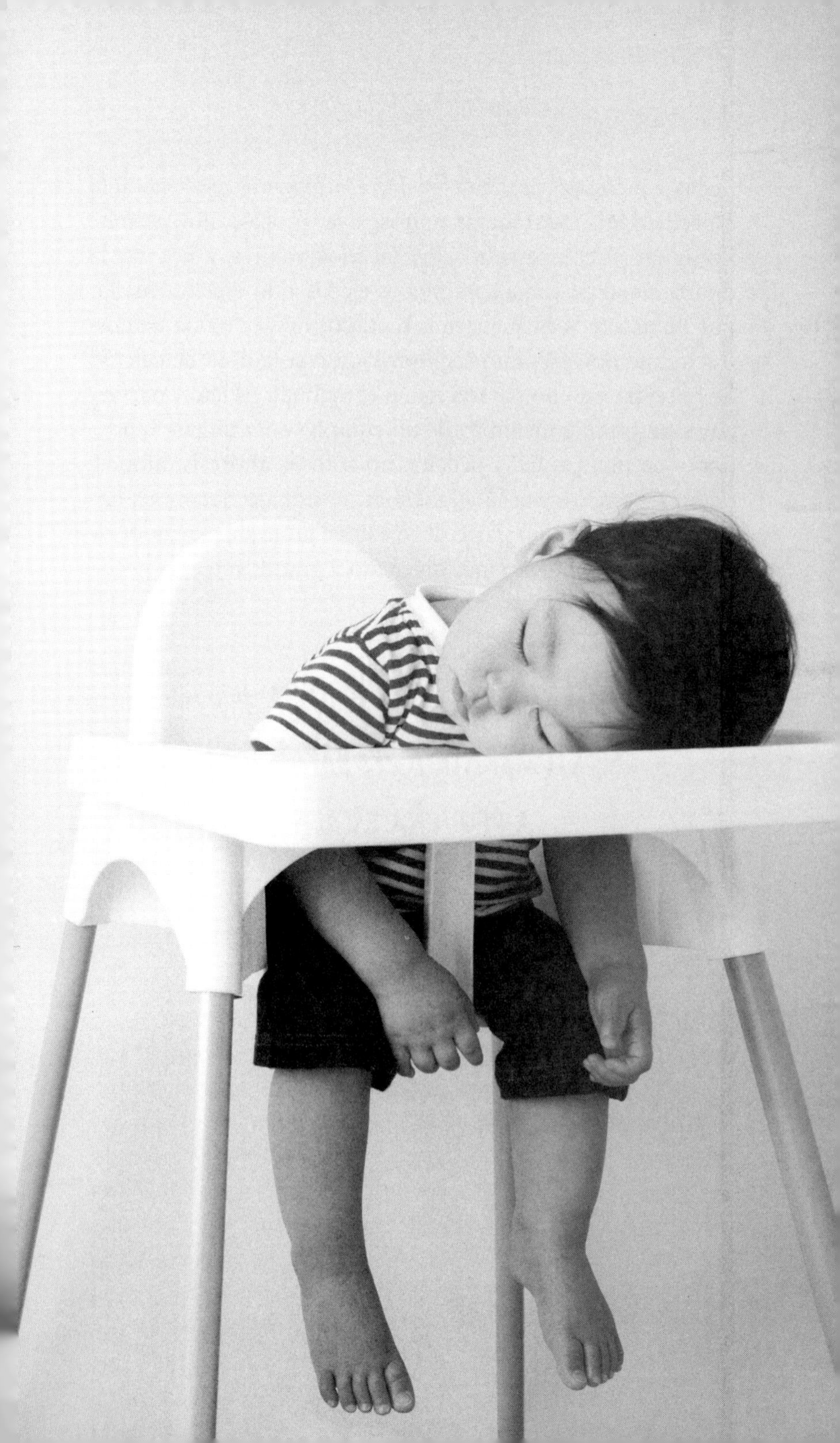

#4 DUERME

JORDAN MILNE

Los clientes se impacientan. La puerta se abre al fin y el presidente entra tambaleándose en la sala de juntas. Coge un plátano del cesto de la fruta, lo pela y luego procede a lavarlo en un cuenco de agua.

Después se vuelve para dirigirse a los clientes con un farfullado «Zeeñoodess Rosheesder, manoss a la ooobra». No iríamos a trabajar borrachos, pero las investigaciones han demostrado que la privación de sueño manifiesta muchos de los mismos síntomas que el abuso del alcohol. ¿Y cuántas veces nosotros, como emprendedores, nos hemos arrastrado toda la jornada cansados? Thomas Balkin, de The Walter Reed Army Institute of Research, afirma que la pérdida de sueño lleva a la desactivación de partes del cerebro.

Más concretamente dice que el córtex prefrontal, que es el responsable del pensamiento de más alto nivel, y el tálamo, que procesa y transmite la información procedente de los sentidos, se ven particularmente afectados.

Según la Sociedad Internacional Pro Derechos Humanos (ISHR, siglas en inglés), la privación de sueño es considerada una tortura según las leyes internacionales y está categorizada como tal por las Naciones Unidas. ISHR ha aclarado que una privación de sueño continuada provoca el colapso del sistema nervioso y otros daños físicos y psicológicos graves. Es decir que, cuando estés tratando de crear el próximo Google y estés trabajando hasta altas horas de la noche, quizá tengas que reflexionar.

Los estudios realizados por The Mayo Foundation for Medical Education and Research también han citado un tiempo de reacción más lento, problemas psiquiátricos, obesidad, mal funcionamiento del sistema inmunitario y un mayor riesgo y gravedad de las enfermedades de larga duración, como la presión arterial alta, enfermedades cardiacas, diabetes y pérdida de memoria como posibles resultados directos de la privación del sueño. En un estudio realizado sobre el envejecimiento, la profesora Eve Van Cauter descubrió que los cambios metabólicos y de las hormonas endocrinas resultantes de una falta significativa de sueño reproducen las características del envejecimiento. Con tantas pruebas que apuntan en su favor, sencillamente tiene sentido conseguir ese par de horas extras de sueño. Hay quien dice que ya podremos dormir cuando estemos muertos. La ironía es que, si aplicamos esa estrategia, el día de la muerte puede llegar antes de lo que pensamos.

El miércoles 21 de octubre de 2009 se produjo un suceso premonitorio que sacudió a la India y al mundo. El CEO de SAP India, Ranjan Das, falleció como resultado de un ataque cardiaco masivo, a los 42 años de edad. Graduado por Harvard y el MIT, Ranjan era un hombre joven, al parecer sano, que hacía ejercicio de forma regular, corría maratones y era escrupuloso en sus hábitos alimentarios. Sin embargo, el señor Das sólo dormía, habitualmente, cuatro horas al día, algo que no es raro en los emprendedores y los líderes empresariales. Está ya bien documentado el hecho de que la privación del sueño conduce a un mayor riesgo de ataques cardiacos. Cada vez con mayor frecuencia, están apareciendo señales de esta tendencia. En otro caso ampliamente divulgado, en diciembre 2011, Horta-Osario, CEO del gigante de la banca británica, Lloyds Banking Group, tuvo que tomarse una baja médica de dos meses debido al agotamiento y a un trastorno del sueño relacionado con el estrés. Incluso si nuestra vida no se ve acortada, el sueño afecta a la calidad y eficacia del tiempo que tenemos. Al quedarnos levantados esas pocas horas extras de forma regular, nuestra capacidad tanto para disfrutar de lo que nos rodea como para tomar decisiones profesionales padecerán. **Si nuestra vida fuera un muelle que se adentra en mar, el sueño sería el pilar fundamental que lo sostendría.**

Las buenas noticias son que se le puede dar la vuelta a la privación de sueño. Daniel Kripke, del Scripps Clinic Sleep, de California, descubrió que los que duermen entre 6,5 y 7,5 horas por noche son los que viven más tiempo. Estos resultados se vieron respaldados por estudios parecidos realizados en todo el mundo. Muchos dicen también que las horas antes de la medianoche son más beneficiosas que las de después. Para muchas personas, dormir una hora más cada noche es la mejor decisión profesional que podemos tomar. Además, sin ninguna duda, hace que nos sintamos mejor.

> **POTENCIADOR DE LA EFICACIA #4:**
> **HAZ QUE ESTAR TOTALMENTE DESCANSADO SEA UNA PRIORIDAD CLAVE**

#5 DESTACA

MARTIN BJERGEGAARD

En 2002, Torsten Hvidt y cuatro amigos se pusieron en camino por una carretera empinada, llena de obstáculos y muy estrecha.

Por lo menos, eso es lo que podría parecer desde fuera. Los cinco querían proporcionar consultoría estratégica a las mayores empresas de Escandinavia, en competencia directa con los principales imperios de consultoría del mundo, cuyo capital intelectual, historial y número de compromisos para cenar con los CEO de la lista Fortune 500 puede hacer que cualquier consultor de estrategia independiente que ambicione hacer algo más que alimentarse y alimentar a su familia sienta escalofríos.

Pero Torsten y sus amigos tenían un arma secreta. Eran diferentes. No más inteligentes, diligentes o ambiciosos que sus competidores (eso no es posible), pero diferentes. En la empresa de Torsten una expresión que describe esta característica es «hombre muerde a perro», que también es un premio mensual concedido al equipo que haya conseguido la «mordedura» más notable. Este enfoque los ha ayudado a crecer relativamente rápido hasta ser un equipo de 150 consultores de estrategia de éxito, con oficinas distribuidas por Copenhague, Estocolmo y Oslo. En su lista de clientes fieles están Carlsberg, Maersk, Novo, LEGO y Vestas, empresas danesas

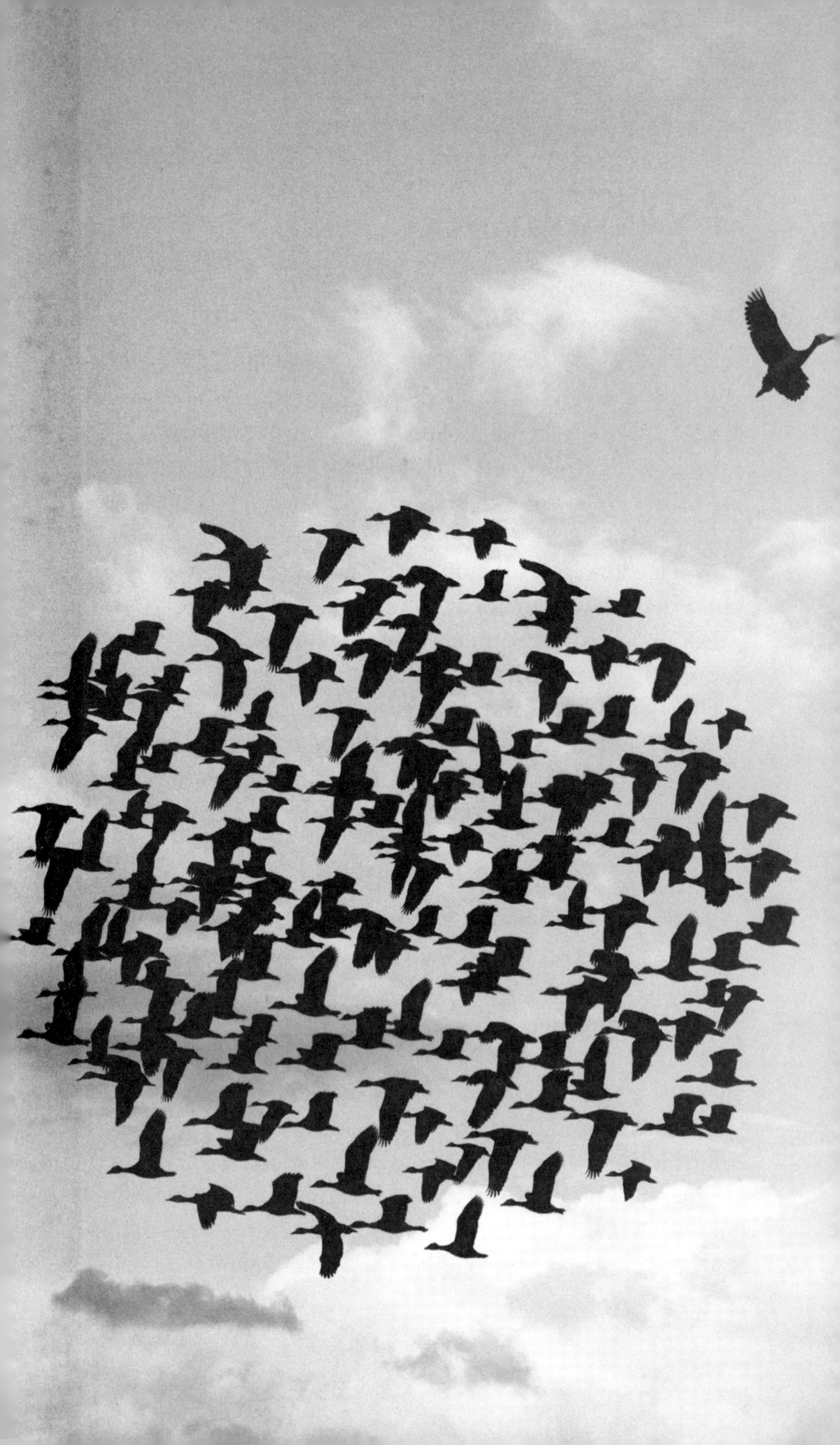

que son ya, todas, auténticamente globales. Las relaciones con los clientes son tan sólidas que algunos de ellos han aceptado dejar que las salas de reuniones de la empresa de consultoría lleven el nombre y estén decoradas con artículos de la vida diaria del cliente. Así que hay que estar preparados para jugar con LEGO o alerta para no tropezar con un modelo grande de una lata de cerveza si un día vamos a una reunión en Quartz & Co.

Torsten tiene esposa y cuatro hijos, y llega a casa para estar con ellos a las seis de la tarde (la mayoría de días). Disfruta de frecuentes vacaciones con la familia y los amigos, y de acaloradas discusiones sobre literatura y fútbol. A Torsten no le gustan los estereotipos ni una perspectiva simplificada de la vida, así que me contendré y no declararé que su vida es «completa» o «perfecta», y me limitaré a observar que se las ha arreglado para crear una empresa que tiene un éxito enorme, mientras sigue disfrutando de tiempo para la familia, los amigos y para él mismo.

Pero ¿qué clase de hombre mordería a un perro? Ésa es precisamente la cuestión. Imagina que ves el titular de un periódico que dice: «Perro muerde a hombre». ¿Lo comprarías? No creo. Si, en cambio, dijera: «Hombre muerde a perro», entonces sería mucho más probable que captara tu atención. Es esta idea la que Torsten y sus colegas han refinado y puesto en juego eficazmente.

«Tiene que haber un elemento de "hombre muerde a perro" en todos los encargos que resolvemos —explica Torsten—. Esperamos que todos nuestros consultores piensen creativamente, se destaquen y creen lo extraordinario, en lugar de lo corriente. Haremos lo necesario y más para evitar la *muerte por powerpoint*. Estamos dispuestos a correr riesgos; hemos hecho cosas extraordinarias en relación con nuestras presentaciones y realización de tareas.»

Torsten me habla de la vez en que optaban a un trabajo frente a los competidores mundiales que dominan el sector. Se trataba de la optimización de la logística y el jefe de proyecto tuvo la idea de colgar la presentación en las paredes alrededor de la sala de conferencias, en lugar de mostrarla en una pantalla, como ilustración física de los puntos que planteó durante la presentación. «Corrimos un riesgo; podríamos haber tropezado con cabeceos negativos. Movimos muchas cosas en la sala de reuniones del cliente, y eso fue incluso antes de conseguir el trabajo. Pero el cliente aceptó las condiciones, estaba entusiasmado y nos eligió, en parte, debido a "lo extraordinario". La idea fundamental es que debemos estar a la par con los mejores del mundo en lo que hace al contenido de nuestra solución de problemas, pero ser mejores en forma y energía», dice Torsten.

Quartz & Co. se toma su propia medicina y son diferentes también por dentro. Por ejemplo, en la empresa no hay cargos. «Nuestra jerarquía es situacional; el líder es el que tiene *seguimiento* en esa situación específica. Todos somos líderes algunas veces y seguidores otras; lo llamamos *lidera y sé liderado*», dice Torsten. Además, no hay nadie en Quartz & Co que tenga su propio despacho o plaza de aparcamiento. Ni siquiera los propietarios.

La recompensa para la idiosincrasia es fácil de detectar: Quartz & Co. es un imán para el talento. «Nunca hemos utilizado los anuncios de empleos tradicionales. La gente ha venido a nosotros porque se sienten atraídos por cómo somos», dice Torsten.

La idea de ser diferentes no es nueva. En 2002, Seth Godin escribió su éxito de ventas *Purple Cow* para que comprendiéramos que una vaca púrpura, y cualquier otra cosa que sea extraña, tiene más posibilidades de atraer la atención en marketing; una idea que seguramente ha existido desde que, de repente, el primer neandertal empezó a recortarse el pelo, escandalizando o divirtiendo enormemente a sus amigos más convencionales.

No obstante, en muchos sentidos, seguimos siendo demasiado parecidos. Cuando a Derek Sivers se le ocurrió la idea de escribir un correo electrónico divertido diciendo «Gracias por su pedido» a los clientes de su tienda en la web, CD Baby, fue uno de los primeros en hacerlo y por ello recibió mucha atención y clientela. Pero ¿por qué nadie lo había pensado antes? ¿Por qué miles de tiendas *online* copiaban y pegaban los mismos correos electrónicos estándares, aburridos y sin gracia en su sistema? Probablemente porque los humanos somos animales gregarios. Así es como sobrevivimos y, en muchos sentidos, es una buena cualidad. **Pero también significa que tenemos enormes oportunidades para hacer que nuestra empresa destaque en un panorama empresarial que, básicamente, es sobrecogedoramente conformista.**

Para hacer pensar:

- ¿Por qué hay mesas y sillas en todas las salas de reuniones?

- ¿Por qué todos los libros físicos (incluyendo éste) son rectangulares y están impresos en papel?
- ¿Por qué todas las tiendas ponen sus adornos de Navidad en diciembre?
- ¿Por qué todos los hombres del sector financiero llevan corbata?
- ¿Por qué ningún emprendedor de Silicon Valley lleva corbata?
- ¿Cuándo fue la última vez que hiciste algo tan diferente que hizo que la gente se parara y lo mirara?

> **POTENCIADOR DE LA EFICACIA #5:**
> **BUSCA SIEMPRE MANERAS DE DESTACARTE**

#6 PONTE EN MARCHA, COGE IMPULSO

JORDAN MILNE

En física, el impulso es igual al producto de la masa por la velocidad. La ley de conservación del impulso lineal afirma que, a menos que haya fuerzas externas actuando en un sistema cerrado de objetos, el impulso de ese sistema cerrado permanecerá constante. Por desgracia, las leyes de la naturaleza no son directamente traducibles al mundo empresarial, pero los principios generales siguen siendo aplicables; una vez que un emprendedor alcanza un cierto nivel de éxito, con frecuencia el impulso le ayudará a seguir por el mismo camino. Conseguir la velocidad inicial puede ser peliagudo, pero una vez hemos conseguido el movimiento las leyes de la física estarán de nuestro lado.

Casi todos hemos oído hablar de Mark Zuckerberg y de cómo ha cambiado el paisaje social con Facebook, ganando miles de millones al mismo tiempo. Lo que quizá sea menos conocido es que Facebook no fue su primer éxito (y no, tampoco fue Facemash).

Cuando todavía estaba en el instituto, un Zuckerberg incluso más joven afinó sus habilidades construyendo una aplicación de música para ordenador. Synapse, como la llamó, era un servicio de recomendaciones musicales que usaba la inteligencia artificial para averiguar los hábitos de escucha del usuario. La aplicación tuvo éxito y al cabo de un tiempo recibió ofertas de compra de AOL y de Microsoft, que también querían contratar al joven talento. En lo que parece un anuncio del futuro, Mark las rechazó. No obstante, aprovechó el impulso para acabar construyendo Facebook. ¿Y qué pasó con aquella temprana oportunidad de venta? Unos años después rechazaría otra oferta, ésta de Yahoo, por 1.000 millones de dólares, mientras que, a principios de 2012, se conjeturaba que Facebook valía la enorme cantidad de 100.000 millones de dólares.

Chad Troutwine es otro emprendedor que usa los beneficios del impulso con ventaja. Recién salido de la universidad, Chad, junto con un socio, se puso a trabajar para desarrollar el negocio de bienes raíces en su ciudad natal de Kansas, Missouri. Al percibir que había una oportunidad en un barrio con futuro, Chad y su socio empezaron a convertir viejos almacenes en condominios. Con unas cuantas decisiones inteligentes y aprendiendo sobre la marcha, los dos convirtieron la empresa en un éxito. Los condominios se vendieron rápidamente, rindiendo una buena suma de dinero a los dos socios. El sabor del éxito le enseñó a Chad muchas y valiosas lecciones y le dio la confianza necesaria para lanzarse a cosas más grandes. El éxito le proporcionó impulso. Armado con su triunfo previo, cofundó Veritas Prep, una compañía internacional de formación para las pruebas de acceso, junto con otras empresas, y no tardó en honrar la portada de *Entrepreneur Magazine*.

Incluso un éxito pequeño puede conducir a la credibilidad, los contactos y la seguridad necesarios para realizar cosas.

Potenciadores de la eficacia

Empieza en grande si puedes, pero no tengas miedo de empezar pequeño y acumular impulso. La empresa en la que trabajas ahora quizá no sea una idea de 1.000 millones de dólares, pero podría ser un paso importante. Hagas lo que hagas, sigue adelante. Muchas personas creen que empezarán cuando tengan su «gran idea». Abandona ese modo de pensar. Empieza algo. Te dará impulso. Esperar no es nada más que esperar.

> **POTENCIADOR DE LA EFICACIA #6:**
> **NO TE QUEDES SENTADO ESPERANDO.**
> **SAL AHÍ FUERA Y EMPIEZA ALGO**

#7 PON A LAS PERSONAS EN PRIMER LUGAR

MARTIN BJERGEGAARD

¿Qué diferencia hay entre el o la líder mediocre que se parte el culo trabajando y, sin embargo, nunca llega a triunfar a lo grande y el que alcanza resultados asombrosos con una aparente facilidad y sin hacer enormes sacrificios para conseguirlo?

Un componente crucial de esa respuesta es **la capacidad para contactar con las personas adecuadas, motivarlas e inspirarlas, y crear la clase de cultura empresarial acertada.** Todos conocemos esta respuesta, pero para llegar hasta allí, la mayoría tenemos que recorrer un largo camino.

Aquí es cuando necesitamos los consejos de Henrik Lind. Henrik es el creador de Danske Commodities, Lind Finans, y toda una serie de compañías florecientes, que lo convierten en uno de los emprendedores con más éxito de Dinamarca. Durante los tres últimos años, sus empresas han disfrutado de unos beneficios combinados antes de impuestos de más de 100 millones de dólares. Todo un logro, considerando que sólo ha sido empresario siete años y que ha levantado su imperio desde cero.

Con tantas empresas diferentes y una tasa de éxito tan alta, es probable imaginarse a Henrik como una especie de adicto al trabajo, impulsado por el ego. No obstante, esto no podría estar más lejos de la verdad. Henrik creció en una familia absolutamente promedio, en una pequeña población rural. Es realista, un hombre de familia, que disfruta de la vida con su esposa y sus tres hijos.

En un día normal, llega a casa alrededor de las cinco de la tarde, lo cual le da mucho tiempo para jugar con sus hijos antes de arroparlos para dormir. Como su familia es su máxima prioridad, reduce sus viajes al mínimo, y sólo está fuera un par de días al mes. Es él quien prepara a los niños para ir a la escuela cada mañana y es a él, con tanta frecuencia como a su esposa, a quien llaman cuando se despiertan por la noche y necesitan que los consuelen.

Henrik puede enseñarnos mucho tanto sobre el éxito como sobre la felicidad. En nuestra entrevista, empieza centrándose en el campo que considera más importante para su éxito. Un campo en el cual siempre se asegura de ser generoso con su tiempo: sus importantísimas interacciones con sus colegas.

«Como CEO de Danske Commodities, he estado presente en todas y cada una de las entrevistas de trabajo que la compañía ha realizado y en todas las reuniones de evaluación de nuestros empleados. Exigía bastante tiempo, porque hacíamos evaluaciones trimestrales, pero en mi opinión era lo más importante a lo que podía dedicar mi tiempo. Significaba un intercambio claro de información y la armonización de las expectativas entre los nuevos empleados y nosotros. También significaba que acordábamos las metas y las responsabilidades con cada colega y reforzábamos nuestra cultura empresarial —nos dice Henrik—. En Danske Commodities, tenemos una cultura de empresa asombrosa. Todos estamos motivados, asumimos responsabilidades y hacemos un esfuerzo sincero. Con tantas personas de talento, la compañía puede moverse rápidamente y yo nunca actúo como cuello de botella», continúa.

Henrik pone, de verdad, a las personas en primer lugar y en el despacho pasa la mayor parte del tiempo accesible y disponible para sus colegas. Siempre pueden poner a prueba una nueva idea con él, pedirle consejo o contarle sus planes. Desde hace poco, tiene un nuevo CEO a bordo y ahora está en el proceso de acostumbrarse a su nuevo papel como presidente.

Henrik prosigue: «En nuestra compañía, el valor del argumento es más importante que la persona que lo presenta. Incluso nuestros recientes graduados venían a verme con grandes ideas y yo les daba libertad para llevarlas a cabo. Según mi modo de pensar, si alguien viene a hablar conmigo, es probablemente porque piensa que puedo aportarle algo».

Al principio, podría parecer ineficaz pasar tanto tiempo en reuniones y conversaciones internas. Sin embargo, en realidad, ésa es realmente la razón misma de que Henrik pueda tomarse tiempo libre para estar con su familia.

Ha creado un equipo que puede funcionar por sí mismo, y sostiene esa cultura de empresa por medio de un liderazgo comprensivo, que es posible por su presencia y su sincero interés en aquellos con los que trabaja. ¿Cuántos líderes y emprendedores pueden decir honradamente que hacen lo mismo? Es un campo donde intensificar el esfuerzo puede darnos a la mayoría un enorme impulso de eficacia.

> **POTENCIADOR DE LA EFICACIA #7: ASEGÚRATE DE PASAR SUFICIENTE TIEMPO CON TU EQUIPO**

#8 SAL DEL GARAJE

MARTIN BJERGEGAARD

Nick Mikhailovsky sonríe tímidamente mientras mi contacto ruso me explica por qué ha preferido organizar una reunión entre nosotros dos en este moderno centro de conferencias, al este del centro de Moscú.

«¿Modelo de conducta? Sólo soy un emprendedor corriente que trata de desarrollar su empresa y cuidar de su familia.» Corriente sin más es algo que Nick Mikhailovsky no es, seguro.

Durante su excepcional carrera, ha aprendido muchas lecciones. Quizá la mayor de todas sea que la colaboración y la inspiración son fuerzas impulsoras del espíritu emprendedor. Estar en un ambiente que fomenta estos atributos te da una enorme ventaja. Sin embargo, no es el ambiente en el cual el propio Nick tuvo la fortuna de empezar.

Después de conseguir un título de máster en matemática aplicada, logró su primer trabajo a jornada completa en 1993. El proyecto se basaba en una gran visión: ayudar al ejército a hacer que sus cazas fueran invisibles al ojo humano. Como la guerra fría acababa de terminar, había menos necesidad de tecnología militar a ambos lados del océano, así que cesaron los contratos y Nick perdió su trabajo.

Para mantener a su familia, ayudó a tres empresas pequeñas a montar y poner en marcha sus páginas web, añadiendo contenido y ocupándose del mantenimiento. «Debo de haber sido uno de los primeros en Rusia en tener el título de Webmaster», comenta.

Más tarde logró un empleo en una firma de desarrollo de TI que tenía al Banco Central de Rusia entre sus clientes. Mientras estaba allí, Nick fue a ver a su jefe y le ofreció la idea de crear un *software* que permitiera a los bancos rusos hacer transacciones entre ellos de modo electrónico, eficaz y seguro, usando lo que entonces era lo último en tecnología de la web. El jefe le dio permiso para seguir adelante y, en 1998, desplegaron el nuevo sistema para una prueba beta en el Banco Central de Rusia. Un año más tarde, el 80 por ciento de todas las transacciones entre bancos rusos se hacían con este sistema. No fue hasta 2006 cuando se sustituyó el sistema, que para entonces manejaba un millón de transacciones diarias.

Pero Nick no se quedó quieto mucho tiempo. Para finales de 1999 ya empezaba a aburrirse, así que consiguió un trabajo como CTO (director de tecnología) adjunto en Aport.ru, una de las empresas emergentes más innovadoras de Rusia. La nueva compañía era un motor de búsqueda, que en doce meses había pasado de 10 a 200 empleados. Cuatro meses más tarde, la burbuja estalló y, pese a que se estaba negociando la venta a un inversor estratégico, el instinto de Nick le dijo que había algo que iba mal en la situación y que era hora de pasar a otra cosa.

Acertadamente, siguió lo que le decía su instinto y, aunque su instinto tenía razón, de nuevo se encontró sin empleo.

No obstante, esta vez estaba dispuesto a empezar algo por sí mismo. Junto con cuatro viejos colegas, lanzó una compañía subcontratada de TI que aprovechó la pericia del equipo en las soluciones de alto rendimiento en la web. Hoy, NTR Lab tiene cincuenta programadores trabajando a jornada completa y gana tanto dinero que Nick ha invertido en otras ocho nuevas empresas desde 2006. Una de ellas ha alcanzado los cuarenta empleados, además de un crecimiento sólido. Varias de las otras avanzan por el buen camino.

Como ángel inversor, Nick no tiene nada de convencional. Ve su empresa como una fusión entre una incubadora, una firma de capital riesgo y un programa acelerador. Él mismo desempeña un papel operativo en las empresas emergentes más recientes, situadas todas, cuando es posible, bajo el mismo techo. Este montaje particular empezó por azar, pero es realmente lo que condujo a Nick a uno de sus descubrimientos más importantes. «Cuando varias empresas emergentes están una al lado de la otra, empiezan a cubrirse mutuamente sus puntos ciegos. Se ayudan en todo, porque a todos les encanta contribuir con algo en lo que son los mejores.»

Nick continúa explicándonos: «En una de mis empresas emergentes, hay un tipo que es un vendedor genial. Un día sonó el teléfono y lo cogió él porque el equipo vecino se había ido a almorzar. Era un posible cliente y, aunque no era su propia empresa, su reacción instintiva fue usar todo su talento para cerrar el trato. Y eso es lo que hizo. Cuando volvieron de almorzar, sus vecinos se alegraron mucho, pero también se sintieron confusos, porque los introvertidos programadores no creían que fuera posible vender nada en el punto en que estaban. Es sólo un pequeño ejemplo, pero pone de manifiesto un mecanismo que es fuerte y eficaz en extremo», dice Nick.

Nick no está solo en su descubrimiento. Las incubadoras tenían mala fama después de la primera burbuja. Se puso de moda trabajar en el garaje (o en la sala de estar) en lugar de en una sala con otros emprendedores. Pero ¿por qué? Sí, el alquiler es barato y el garaje puede tener la ventaja de que es fácil que una madre, padre, esposa o esposo aparezcan con un café recién hecho.

Pero las desventajas son evidentes. ¿Quién detecta la oportunidad que tú y tu equipo habéis pasado por alto? ¿Quién, con un conjunto de conocimientos y puntos de vista totalmente diferentes, te ofrece un intercambio espontáneo de experiencias? Todo lo que necesitas saber lo puedes encontrar *online*, pero primero es necesario que sepas que lo estás pasando por alto. Lo mismo puede decirse de los contactos y la energía. Hoy los llamamos programas de aceleración, y emprendedores entusiastas acuden a ellos por miles. La mayoría de emprendedores sueñan con que les permitan pasar fines de semana, semanas o meses bajo el mismo techo que un numeroso grupo de personas de ideas afines. Saben que se crea un impulso con el que ningún garaje puede competir.

Nick se centra en nutrir este ambiente, lo cual permite que todos los que están en él prosperen y se alimenten de la energía y el impulso de los demás. Para él, es necesario conseguir la máxima eficacia, porque no tiene la intención de pasarse todas las horas que está despierto esclavizado delante de la pantalla de su ordenador o asistiendo a reuniones interminables.

«He experimentado y he descubierto que sesenta horas a la semana no es algo sostenible para mí. Lo siento físicamente. Los fines de semana son sagrados y los paso con mi esposa y mis tres hijos. En la temporada de invierno, voy a esquiar al bosque que está a cinco minutos a pie de casa, en las afueras de Moscú. Con frecuencia, voy dos veces al día», dice Nick.

Sea por el aire fresco de esas salidas de esquí o por el gozo de vivir su pasión, Nick, a sus 39 años, parece 10 años más joven y, si el camino desde su ciudad natal en Siberia hasta la vida de emprendedor de éxito en Moscú ha sido todo un desafío, no es algo que haya corroído sus ansias de vivir ni su sentido del humor.

> POTENCIADOR DE LA EFICACIA #8:
> SITÚATE EN UN AMBIENTE INSPIRADOR
> Y LLENO DE ENERGÍA CON OTROS EMPRENDEDORES

#9 No te esfuerces demasiado

MARTIN BJERGEGAARD

¿Te has dado cuenta alguna vez de que las personas con más éxito parecen mucho más relajadas que el resto, aunque, en teoría, deberían estar mucho más estresadas? ¿Has advertido que el presidente exuda un talante tranquilo y sereno, mientras todos sus ayudantes parecen agobiados?

Éste fue el caso, casi de modo universal, cuando entrevistamos a nuestros modelos de conducta. Ninguno de ellos parecía estresado, pese a dirigir empresas grandes y florecientes o empresas emergentes rompedoras.

Una posible explicación de ese talante impresionantemente sosegado podría ser que, dado que ya han conseguido tanto, ahora pueden dormirse un poco en sus laurelcs. Sin embargo, en realidad, la causalidad apunta en el sentido contrario: han llegado tan lejos exactamente porque poseen la habilidad de estar relajados en medio de una actividad frenética.

Puede parecer poco natural que el camino al éxito esté empedrado de relajación. Sé que, al principio, a mí me costó mucho aceptar esta idea. Pensaba en todas las veces en que había hecho un buen trabajo al exigirme más.

Mi modo de pensar sólo cambió cuando Henning Daverne, campeón de artes marciales, escritor superventas y maestro de meditación, me pidió que pensara en las situaciones en que lo había hecho mejor que nunca. Mis mejores actuaciones personales. Entonces comprendí que hay un límite en lo que puedo alcanzar exigiéndome. Las actuaciones de las que más orgulloso estoy se han producido todas en un estado de flujo y facilidad, en el punto en que todo se aúna y alcanzo un resultado muy por encima de mi nivel normal. Eso es lo que Henning llama impulso sin esfuerzo, y sabe de lo que habla.

El avance de Henning como luchador llegó cuando aprendió a relajarse. Fue en 1989, en un encuentro en Suecia. Se enfrentaba a un luchador fuerte, un auténtico oso. Los dos jóvenes lucharon y forcejearon, se enzarzaron y gastaron enormes cantidades de energía en sus esfuerzos por derrotar al otro. Henning comprendió que no podría ganar sólo por puro músculo, y cambió de estrategia.

Empezó a relajarse, a respirar hondo, y a distanciarse de la situación y de su rival. Lo observó todo con calma, tanto desde dentro como desde arriba. Y luego, *bang,* lanzó un golpe perfecto. Como había sustituido todo el esfuerzo por presencia y tranquilidad, le resultó fácil reaccionar intuitivamente, sin tener que obligarse. Había ganado la batalla, y continuó usando ese principio para llegar a ser uno de los profesionales de *Wing Tsun* de más alto nivel de Europa.

¿Conoces a ese vendedor que está tan ansioso por conseguir el contrato que la venta se le deshace entre los dedos por lo mucho que aprieta al cliente? ¿O la joven consultora que desea con tanto desespero hacerlo bien que consigue que todo el departamento se le ponga en contra?

Caricaturizando la situación, es fácil reírse de esos desafortunados o compadecerlos, pero la realidad es que, de vez en cuando, todos somos así. Nos esforzamos tanto por conseguir un resultado que fracasamos.

Con un impulso sin esfuerzo no sólo consigues mejores resultados, sino que, además, te agotas menos en el proceso. Un beneficio extra es que la transición de una actividad a otra se vuelve mucho más fácil cuando estamos menos tensos.

POTENCIADOR DE LA EFICACIA #9:
RELÁJATE Y DISFRUTA

#10 DOMINA EL ARTE DE ESCUCHAR

MARTIN BJERGEGAARD

Bill Liao —emprendedor y filántropo australiano de éxito, que ahora vive en Irlanda— es un hombre inusual, con una forma inusual de abordar el éxito: escuchar.

El éxito es algo que tiene a carretadas; como ser humano y en el mundo empresarial. Posee una rara mezcla de calma y carisma, y se ríe alegremente, recordándome muchas veces al Dalái Lama durante nuestra conversación. Quizá no sea simple coincidencia. Igual que Su Santidad, Liao ha conseguido unos resultados increíbles, al parecer sin obsesionarse.

Liao ha sido la fuerza impulsora de siete ofertas públicas iniciales (IPO, siglas en inglés), incluyendo XING.com, una red social para profesionales, que en 2006 se convirtió en la primera empresa emergente europea Web 2.0 en salir a bolsa. En 2009, Burda Media Group, de Alemania, adquirió el 25 por ciento de XING, valorando la empresa en 287 millones de dólares. Hoy, Liao es inversor, filántropo, escritor y orador. Como cofundador de SOS Ventures, firma de capital riesgo, ha invertido en una amplia serie de proyectos destacados, entre ellos TechStars y 500 Startups. Se ha impuesto la misión de haber plantado dos billones de árboles para 2020, y ha fundado la no lucrativa WeForrest.org con ese fin. El contador de la página web muestra que los primeros 983.993 árboles ya están plantados y ayudando a compensar las emisiones humanas de CO_2. El CO_2 tiene un peso enorme en el pensamiento de Liao. Una vez hizo un viaje a Estados Unidos en un carguero. El viaje duró tres semanas, pero fue cien por cien neutro para el medio ambiente. También le dio a Liao mucho tiempo para pensar.

Cuando le preguntan cuál es su secreto, responde: «La clave de mi éxito es escuchar. Escucho con los oídos, con mi intuición y con todo mi cuerpo. Cuando hablo, escucho con los ojos y con mis sentidos al mismo tiempo. Siempre estoy escuchando».

«La respuesta a muchas situaciones difíciles es estar callado», prosigue Liao, pero sólo cuando yo se lo pido. «Tanto si se trata de cerrar un trato como de solucionar un conflicto con mi esposa. Conocía a un vendedor de coches de segunda mano llamado Vac, en Queensland, Australia, que solía decirme: "En todas las ventas hay un momento de silencio que es oro. La primera persona que habla es dueña de un coche estupendo". Vac era algo tan raro como un vendedor de coches honrado, y vendía más coches que cualquiera de sus colegas. Su método era crear un interés inicial, forjar confianza, responder a las objeciones del cliente y, justo en el momento preciso, preguntar: "¿Qué tal si cerramos el trato?" Luego asentía amablemente, sonreía, miraba al cliente a los ojos y esperaba, y seguía esperando.»

Escuchar puede generar ventas. Hasta aquí, todo bien. Pero ¿qué pasa con la dirección?, le pregunto.

«Tenía una colega que de repente cambió a peor de forma radical. Había empezado una nueva relación con un tipo que estaba acabando con ella. En su interior, ella lo sabía, pero ese conocimiento todavía no se había asentado en su propia mente. Si yo hubiera empezado a hablar, diciéndole que tenía una relación disfuncional, ¿cómo crees que habría reaccionado? Probablemente, habría dejado la empresa antes que a aquel hombre. Lo que hice, en cambio, fue hacerle preguntas y escucharla mientras hablaba y se iba convenciendo para dejar la relación. Se fue a casa y rompió con él, y volvió a ser su yo feliz de siempre, además de una buena colega», es la respuesta que recibí.

Podríamos pensar que Bill Liao ha creado algunas preguntas increíblemente inteligentes. Pero lo belleza reside en la simplicidad de sus tres favoritas:

- Cuéntame más sobre eso.
- ¿Eso tiene sentido?
- ¿Qué significa eso para ti?

«Tus preguntas no tienen por qué haber sido cuidadosamente pensadas —dice Liao—. Lo más difícil es permanecer en silencio y resistirte a la tentación de dar consejos.»

Nos abrimos cuando nos escuchan. En cambio, nos cerramos, nos ponemos a la defensiva o nos volvemos discutidores cuando nos enfrentamos a juicios y opiniones. Esto ya lo hemos oído antes, pero ¿por qué es tan importante escuchar cuando tú, como nosotros, los emprendedores, estamos llenos de visiones e ideas, y la verdad es que queremos ponerlas en práctica?

«El secreto de hacer crecer una empresa de éxito es hacer crecer grandes personas. El modo de hacerlo es escucharlas», es la sencilla respuesta de Bill Liao.

Si es crucialmente importante escuchar, ¿cómo puede ser que a tantos nos cueste hacerlo? Con mucha frecuencia, sólo escuchamos pensando en nuestra propia respuesta. Buscamos pausas en el fluir del discurso para poder interrumpir y ofrecer nuestra opinión sobre el tema.

«Todos tenemos un ego y, con mucha frecuencia, tratamos de complacerlo, en lugar de intentar captar lo que está en la mente de la persona con quien hablamos. La clave es estar presente. Cuando nos consumen nuestros pensamientos, nuestro ego se vuelve peligroso, pero cuando estamos plenamente presentes, el ego es sólo un aroma, y podemos escuchar sin juzgar», me dice Liao.

Pero ¿qué pasa en las situaciones en que nos agitamos, nos enfurecemos o incluso nos sentimos amenazados? Seguramente no es razonable suponer que podamos permanecer en calma y limitarnos a escuchar, ¿verdad?

«Es importante tener presente la manera en que funciona nuestro cerebro. Frente al peligro, su parte primaria, el sistema límbico, siempre reacciona primero. No importa lo culto que seas, si te aplastas los dedos del pie, sueltas una maldición. El truco está en darnos cuenta de ello y volver a ser un ser humano lo antes posible. Nuestro cerebro primitivo no puede distinguir un ataque contra nuestro cuerpo físico de un ataque contra nuestro punto de vista. Mientras que la solución acertada bien podría ser luchar o huir en el caso de un ataque físico, cuando se trata de una agresión verbal, da mucho mejor resultado mantener la calma y escuchar», explica Liao.

«Incluso en una habitación atestada, si escuchamos atentamente, otras personas empezarán también a escuchar. Si alguien se acalora cada vez más debido a algún desacuerdo, trata de observar cómo sus argumentos se vuelven cada vez más simplistas conforme sube la temperatura. En esos casos, yo siempre elijo escuchar, en lugar de agravar las disputas. Lo que digas finalmente, después de haber escuchado atentamente durante un rato, es fácil que sea mucho más inteligente que todo lo que se esté diciendo en aquel momento. No obstante, mantener la calma es el auténtico reto. ¿El método? Tener compasión. La compasión es un medio muy poderoso de mantener la calma.»

Después de la entrevista, me doy cuenta de que estoy impresionado. Impresionado por los puntos expresados, pero más incluso por la manera en que Bill Liao les daba cuerpo a lo largo de nuestra conversación. Pese al hecho de que yo era el entrevistador, me había sentido escuchado. Me había sentido comprendido, y tenía ganas de volver a hablar con Bill otra vez. Quería conocerlo mejor, trabajar con él y aprender de él.

La próxima vez que sienta el impulso de abrir la boca y decir algo, tengo la intención de preguntarme primero: en esta situación, ¿hay más motivos para que hable o para que escuche?

> **POTENCIADOR DE LA EFICACIA #10:**
> **ESCUCHA CON ATENCIÓN PARA COMPRENDER SINCERAMENTE EL PUNTO DE VISTA DEL OTRO**

#11 APROVÉCHATE DE LA TECNOLOGÍA

JORDAN MILNE

Mientras lees estas páginas, docenas de las personas más brillantes del mundo están trabajando intensamente para crear soluciones que nos hagan la vida más fácil.

Desde Silicon Valley hasta Seattle y Nueva York, desde Londres a Múnich y Tokio, millones de personas innovadoras y con talento están concentrando su inmensa energía en crear tecnologías mejores y más eficaces, poniendo sus inteligentes ideas en práctica y cambiando el modo en que vivimos y trabajamos. Sus esfuerzos nos ayudan a comunicarnos sin interrupciones, trabajar con más eficacia y aprender más rápidamente. En pocas palabras: trabajar para hacer que nuestra vida sea un poquito más fácil.

Por supuesto, es posible que lo que les mueva sea el dinero, pero también están ahí para ayudar. Incluso tienen equipos dedicados a asegurarse de que sepamos en qué andan metidos (marketing), ofrecernos lo que hacen a un precio razonable (ventas) y enseñarnos a usarlo (ayuda). Y para muchos productos, incluso cuentan con equipos completos para estar seguros de que esas innovaciones presenten un aspecto agradable y nos hagan sentir bien cuando las tengamos en las manos y se las enseñemos a nuestros amigos (diseño).

¿Y qué papel desempeñamos la mayoría en este proceso de innovación? Simplemente el de escoger cuáles de esas brillantes innovaciones creemos que nos ayudarán más. Luego vamos a la tienda y compramos una de ellas o firmamos una suscripción *online*. No está mal.

Aunque todavía no nos desplazamos en deslizadores ni nos teletransportamos de un sitio del planeta a otro, sí que tenemos algunas tecnologías importantes en la punta de los dedos. Todo, desde la conectividad por Internet en la palma de la mano a llamadas gratis a cualquier parte del mundo sólo con pulsar un botón, pasando por beber una cerveza en nuestro iPhone (sí, hay una aplicación para eso). **Para los que buscan vivir una vida equilibrada, explotar la TI puede ser una pieza del puzle.**

Sophie Vandebroek, directora de tecnología de Xerox lo sabe y aprovecha esa tecnología al máximo.

«Explotar la TI te permite hacer mucho más fuera del despacho físico, además de dentro del tradicional horario laboral de nueve a cinco. No es necesario que estés en el trabajo para escribir documentos, analizar algo o hacer presentaciones. Muchas personas creen que el tiempo cara a cara es importante. Para mí, lo importante fue siempre lo que dábamos. A lo largo de mi carrera, he hecho mucho trabajo desde casa, lo cual siempre me ha dado la oportunidad de disfrutar de verdad tanto del trabajo como de la casa. Por ejemplo, hoy estoy preparando mi comunicación trimestral en casa. Tengo una sencilla pantalla de gran tamaño. No es una instalación cara; sólo un nivel superior a Skype. La uso para hablar con todo mi equipo en todo el mundo, desde mi oficina en casa», dice Sophie.

Hay innumerables ejemplos de cómo la tecnología ha hecho que la vida de un emprendedor sea más fácil.

Hacer un sencillo test de mercado es ahora más rápido que nunca antes. Con cosas como WordPress podemos tener una presencia *online* para nuestra empresa en unos días, si no en unas horas o incluso en unos minutos.

Las campañas de marketing utilizando YouTube, si se controlan correctamente (y con un poquito de suerte), pueden llegar a millones de personas en un tiempo récord. Para los que saben cómo usarlo, la visibilidad que puede conseguirse con YouTube puede alcanzar unos niveles nunca conocidos antes. No hace ni 10 años una empresa tendría que realizar una campaña de marketing multimillonaria para ver resultados que eran la mitad de los obtenidos por un par de chicos brillantes con su vídeo-teléfono. ¿Quién habría pensado que «Bed Intruder Song» sería vista 80 millones de veces y que generaría un *single* de éxito en iTunes o que sería posible la atención nacional de los medios que ha rodeado al vídeo «Double Rainbow»?

El contacto diario con nuestro público y nuestros clientes es ahora algo corriente, ya que Twitter nos facilita la difusión de nuestro mensaje con más eficacia. Trabajar juntos no ha sido nunca más fácil que cuando dirigimos proyectos con Basecamp, compartimos archivos sin problemas con DropBox y nos conectamos con nuestros compañeros usando Yammer o HipChat. ¿Que queremos sincronizar nuestra pantalla de ordenador con nuestros colegas? Teamview te cubre. Doodle te ahorra dolores de cabeza cuando organizas reuniones con múltiple socios. Cuando se usa como es debido, la tecnología puede hacer que las cosas fluyan.

Así pues, cuando busques una solución para hacer que la vida sea un poco más fácil, recuerda a todas esas mentes brillantes que están trabajando apasionadamente para encontrar solución a tu problema.

POTENCIADOR DE LA EFICACIA #11:
DEJA QUE LAS NUEVAS HERRAMIENTAS Y TECNOLOGÍAS DE LA INFORMACIÓN HAGAN PARTE DEL TRABAJO POR TI

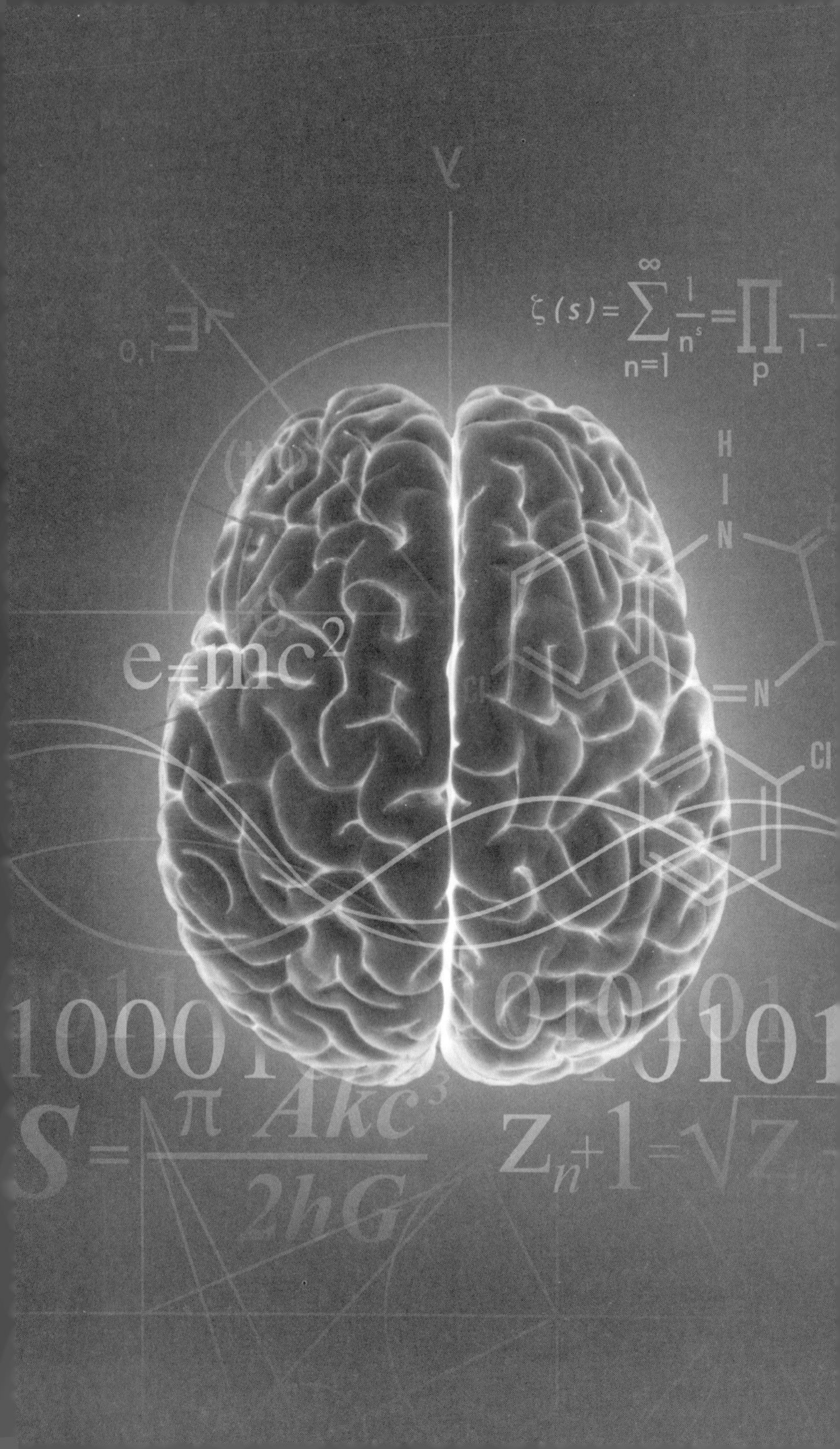

#12 CONSTRUYE TU CEREBRO

MARTIN BJERGEGAARD

Un violinista tiene un cerebro diferente del nuestro. Los investigadores han demostrado que nuestro cerebro se forma según la manera en que lo usamos, igual que nuestros músculos físicos se ven afectados según si no nos movemos de la mesa o escalamos montañas.

Los violinistas usan el dedo anular izquierdo durante varias horas cada día y, como resultado, forman más conexiones neuronales en la parte del cerebro que controla ese dedo en particular. Las TC (tomografías computarizadas) de violinistas muestran que esta zona del cerebro crece realmente debido a tocar el violín. En la actualidad, la mayoría de adolescentes no tocan el violín, pero usan el pulgar derecho para sus mensajes de texto, mientras que, a su edad, los demás usábamos la voz. Igual que sucede con tocar el violín, enviar unos cuantos cientos de mensajes de texto al día también deja una huella en la forma del cerebro.

Del mismo modo que podemos entrenar nuestro cerebro para tocar el violín o enviar mensajes de texto, también podemos decidir por nosotros mismos lo buenos que queremos ser tomando decisiones, ideando soluciones creativas y actuando en contextos sociales. Estas habilidades se crean en el córtex prefrontal (además de en otros lugares), al lado de la capacidad para disfrutar de la vida y sentir paz interior.

No es mala idea desarrollar esa zona.

Escaneando el cerebro, los investigadores han identificado qué actividades son las mejores para estimular esta parte del cerebro. Cerca del primer puesto en casi todos los estudios está una en particular: la meditación.

Basándose en escáneres de practicantes que habían meditado unos 45 minutos diarios, durante por lo menos 10 años, los investigadores saben desde hace muchos años que la meditación puede causar cambios positivos en el cerebro. Su zona de la felicidad y de la solución de problemas complejos era mucho mayor que la del grupo de control.

Cuarenta y cinco minutos al día es mucho tiempo, y para los que queremos conseguir mucho en todos los ámbitos de nuestra vida, puede parecer una inversión imposible en el entrenamiento del cerebro. Como ya lo usamos mucho, muchos podríamos tener más ganas de salir a correr que pasarnos 45 minutos en la posición del loto después de acabar el trabajo.

Entonces, ¿cuál es, realmente, el tiempo mínimo de meditación suficiente para tener algún efecto? Es una pregunta que Henning Daverne, maestro de meditación, orador, escritor superventas y antiguo profesional de las artes marciales, se hizo y le hizo a Troels W. Kjær, investigador danés del cerebro. Los resultados de su estudio están descritos en su nuevo libro *12 Minutes to Success – Meditate Yourself Wiser, Calmer and Happier*. Resulta que con 12 minutos diarios se crean nuevas conexiones neuronales que nos permiten aumentar nuestra capacidad para la intimidad, la concentración y la colaboración. Los resultados son visibles en los escáneres cerebrales después de unos dos meses, y deben ser mantenidos a fin de disfrutar de todas sus ventajas.

Durante la meditación, aumenta la producción de dopamina, serotonina y oxitocina, las hormonas de la felicidad. Al mismo tiempo, hay una reducción de la formación de adrenalina y cortisol, hormonas del estrés que pueden ser útiles «en el fragor de la batalla», pero de las cuales puede ser importante tomarnos descansos regulares. Si no hacemos esas pausas tan necesarias, nuestro sistema inmunológico se debilita y nuestra memoria empeora. Tenemos una sensación de agotamiento o quizá de agitación mental. (¿Tu pierna está dando sacudidas ahora?)

Piensa en ello como capital mental. **Al meditar, retiramos los préstamos del pasado y el futuro y nos permitimos invertir toda nuestra presencia en el momento.** Las conocemos cuando las vemos; personas que nos impresionan por estar total y plenamente presentes.

Los beneficios de la meditación incluyen: una mayor capacidad mental, un estrés reducido y una dicha incrementada.

Antes de una reunión importante, una decisión crucial o una tarea difícil, lo más eficaz que puedes hacer es meditar aunque sólo sea cinco minutos. Durante la siguiente hora que pases trabajando, serás por lo menos un 10 por ciento más eficaz, con lo cual cosecharás un rendimiento positivo inmediato. Al mismo tiempo, disfrutarás mucho más de todas tus actividades, porque te habrás preparado para entregarte plenamente a ellas.

POTENCIADOR DE LA EFICACIA #12: MEDITA 12 MINUTOS CADA DÍA

#13 ELIGE EL MOMENTO ADECUADO

JORDAN MILNE

Elegir el momento adecuado resulta clave, ya sea para intentar ese primer beso o para hacer el pase y marcar el gol ganador. Esto es también cierto en los negocios. Igual que hay beneficios en cabalgar las olas de nuestra propia energía, también los hay en cabalgar las del macroclima.

Muchos emprendedores han fracasado en parte como resultado de ignorar el contexto más amplio en el cual estaban poniendo en marcha su empresa. Son numerosos los optimistas que han creado productos fantásticos, a menudo con tecnologías de vanguardia. Sin embargo, muchos consumidores no son tan vanguardistas. Es posible que tampoco estén presentes muchas de las otras piezas del puzle necesarias para permitir que nuestra visión despegue. Cuando buscamos personas que adopten nuestro nuevo y asombroso Y, ellas siguen haciendo X, y quizá no estén preparadas para el cambio. Como siempre, el cliente tiene la última palabra.

Alexander Bain patentó el sistema de la máquina de fax en 1843, pero sólo se empezó a usar en 1964, Bernard Silver y Norman Woodland inventaron los códigos de barras en 1948, pero pasaron 20 años antes de que su invento se utilizara realmente. Pocos han oído hablar de una empresa llamada MetaBridge. A principios de la década de 1990, esta empresa fue pionera en una tecnología revolucionaria para una plataforma editorial multimedios. Era brillante, pero una vez más llegaba con 20 años de anticipación. Lo que habría sido un éxito sin precedentes con la presencia de aparatos como el iPhone y Kindle resultó un fracaso debido al momento de su aparición. La tecnología acabó siendo adquirida por otras empresas y MetaBridge desapareció.

Caterina Fake es la cofundadora de Flick'r, uno de los nombres más conocidos de Internet. Lanzada en 2004, Flick'r permite que millones de usuarios en todo el mundo organicen y compartan sus fotografías y vídeos. Caterina defiende tener un buen equilibrio en la vida, así que acudimos a ella y, en nuestra conversación, nos explicó que elegir el momento oportuno tuvo su papel en el increíble éxito de Flick'r.

«Fue el encaje perfecto de tiempo y época. Gran parte de la tecnología tiene que ver con el momento. Cuando empezamos, en 2004, se estaba llegando a un nivel real de comodidad con la electrónica personal y las fotos digitales. Esta adopción generalizada de los dispositivos compatibles con la fotografía se produjo en un momento crucial que hizo que Flick'r fuera valioso y necesario para nuestros usuarios. Aumentaba exponencialmente el número de fotos digitales y, además, la necesidad de guardarlas y compartirlas», explica Caterina.

Pero ¿cómo te aseguras de que las masas están preparadas para ti? Parte de la ecuación es hacer un esfuerzo consciente para buscar movimientos, pero no te engañes pensando que puedes averiguarlo leyendo informes de tendencias. En lugar de eso, vete a pescar en el hielo. **Prueba el agua en diferentes puntos y observa cuál es el resultado en ese momento.** Mientras estés poniendo a prueba críticamente tu propia idea, quítate las anteojeras; aprovecha el impulso de los movimientos de la corriente.

Como dijo Victor Hugo, el famoso escritor, artista y hombre de Estado francés: «No hay nada más poderoso que una idea cuyo momento ha llegado».

POTENCIADOR DE LA EFICACIA #13: ELIGE UN PROYECTO OPORTUNO

#14 ADELGÁZATE

MARTIN BJERGEGAARD

Mi abuelo, Valdemar Rønne Jensen, vivió de 1921 a 2002. Creció en circunstancias muy difíciles como el benjamín de una familia de nueve hijos, donde el dinero siempre escaseaba. Una vez me dijo que los enviaban a él y sus hermanos, en momentos especialmente duros, a robar gallinas a su tío, que tenía más dinero pero que por desgracia era tacaño, a fin de tener comida en la mesa.

La educación secundaria (el instituto) no era algo para lo que hubiera tiempo o dinero, así que Valde pronto empezó a trabajar en la fábrica local. A todos los trabajadores se les asignaba un puesto de trabajo con una máquina herramienta que usaban para producir las diferentes piezas que se fabricaban. La máquina era un torno y era versátil en cuanto que podía realizar diversas operaciones dependiendo de la clase de pieza que tuviera que producir. Desde el torno, mi abuelo veía a docenas de compañeros que, como él, para el patrón valían menos que las herramientas que usaban. «Un obrero es un sello de diez centavos», solía recordarles el dueño a sus empleados, refiriéndose a lo que costaba enviar una carta a la oficina de empleo pidiéndoles que enviaran un nuevo obrero a la mañana siguiente.

El trabajo en el torno era a destajo. Valde y los demás recibían una suma específica de dinero por cada unidad que producían. En un tiempo y en una clase social donde el presupuesto familiar apenas era suficiente para llegar al final del día, éste era el método perfecto para hacer que todos los obreros se presentaran el lunes por la mañana con la misma inamovible concentración que caracteriza a un boxeador cuando se dirige al ring para enfrentarse a un rival aterrador. El segundo después de haber firmado el registro, se lanzaban sobre el torno para meter, lo más rápidamente posible, las primeras piezas en la caja que tenían que llenar.

Mi abuelo, sin embargo, era diferente. Tenía su propio método. En la fábrica se hacían muchos productos y cada lunes se producía el cambio a un nuevo producto. Valde se tomaba su tiempo. Se pasaba cada lunes ajustando el torno, optimizando y experimentando con el orden de sus movimientos, para poder diseñar el método más eficiente desde el principio al final. Para él, el lunes estaba reservado a pensar cuidadosamente en el trabajo que tenía por delante y planearlo a la perfección. A diferencia de los demás, en su torno no había ninguna actividad frenética, ni piezas acabadas en la caja, sólo experimentos y reflexión.

Entre muchos de sus amigos y compañeros de la planta había un alto grado de solidaridad, y los otros observaban de reojo, preocupados, como Valde «desperdiciaba» todo su lunes. Probablemente pensaban en mi abuela, Ruth, que procedía de la clase media y para la cual no servía cualquier nivel de vida. O en el pequeño Allan, mi padre, que necesitaba ropa nueva según crecía.

Pero Valde conservaba la calma. Sabía lo que hacía. Martes, miércoles y jueves podía, sin dificultad, igualar la producción de toda una semana de sus compañeros. Sus movimientos eran precisos y sus herramientas una prolongación de sus manos. Las piezas se iban amontonando junto a su pequeño puesto de trabajo. Sus compañeros no lo sabían, pero lo que estaban presenciando era un temprano ejemplo de producción ajustada, el principio cuyo pionero fue Toyota y que tiene como objetivo optimizar todos los procesos clave.

Hoy, muchos han descubierto lo poderosa que puede ser la filosofía y los métodos de ese ajuste. En la época de mi abuelo eran pocos los que se habían dado cuenta de su potencial.

Armado con su primer éxito, Valde intensificó la aplicación de su método. Después de haber alcanzado la cuota de producción semanal el jueves, dedicaba el viernes a ayudar a los compañeros que iban rezagados. Esto lo convirtió en portavoz, primero de su planta y, más tarde, de toda la fábrica. Se convirtió en un miembro activo del sindicato y, después de un par de años, consiguió un puesto permanente en él, y fue subiendo por el escalafón hasta el respetado puesto de tesorero. Trabajó para mejorar la eficacia del sistema, le dio al fondo de desempleo lo que llamaba «una cara humana» y, para resumir, se convirtió en un hombre conocido y respetado en su ciudad.

También adquirió una propiedad en las afueras, donde su hijo Allan construiría su propia casa. Este hermoso lugar, llamado Valhal, fue la casa de mi infancia, donde compartí una crianza feliz con mi familia y pasé mucho tiempo con mi abuelo. Él sigue siendo uno de los más grandes modelos de conducta de mi vida. No porque comprendiera la fabricación *lean* (adelgazada) antes que la mayoría, sino porque tuvo el

Potenciadores de la eficacia

valor de hacer las cosas a su manera y porque, de una forma muy concreta, para mí fue un ejemplo de cómo puedes labrarte una buena vida propia y, al mismo tiempo, ayudar a los demás.

Es demasiado fácil creer que el sistema de adelgazamiento es algo que sólo es pertinente para las fábricas o los empleados de oficina, que repiten el mismo proceso una y otra vez. Pero la verdad es **que todos nosotros podemos aumentar en gran manera nuestra eficacia calibrando las tareas a las que nos enfrentamos con la antelación necesaria para diseñar un plan de ataque efectivo.**

Por ejemplo, cuando compramos un nuevo artilugio, lo más natural para la mayoría es lanzarnos de cabeza y aprender a arreglárnoslas sobre la marcha. Pero, probablemente, deberíamos dedicar algo de tiempo sencillamente a aprender sus características adecuadamente, para poder maximizar nuestra eficiencia usando el equipo mañana y pasado mañana.

Asimismo, cuando elegimos un CRM o *software* de contabilidad, con frecuencia estamos impacientes por acabar con el trabajo preparatorio, y poder empezar a enviar correos electrónicos a los clientes o expedir facturas.

Pero lo más probable es que usemos el programa durante mucho tiempo, así que incluso si necesitáramos toda una semana para encontrar el programa que mejor encajara en nuestras necesidades, esa semana estaría bien empleada.

Cuando empezaste a usar Facebook, ¿te pasaste una mañana estableciendo tus preferencias para que encajaran en tus necesidades y familiarizándote con todas las posibilidades? O lo planteaste como hago yo: «Voy a poner esta cosa en marcha lo más rápidamente posible, y así podré invitar a algunos amigos para que puedan leer la primera actualización de mi perfil».

¿Has configurado tu programa de correo electrónico para que coloque automáticamente todos los mensajes entrantes en las carpetas adecuadas? ¿Sigues enviando documentos e imágenes, de un lado para otro, por correo electrónico o te has apuntado para usar sistemas para compartir archivos *online*, como Flick'r y Google Docs?

Por supuesto, los procesos eficientes no tienen que ver únicamente con escoger los sistemas de TI acertados. Si vas a hacer una llamada de ventas en frío, ¿has dedicado un día a entrenarte con alguien que tenga más experiencia en ese campo que tú? ¿Has experimentado con cinco aperturas, grupos de preguntas y comentarios finales diferentes para averiguar qué estrategias dan mejor resultado con diferentes tipos de personas? ¿Has organizado tu armario con un sistema que te garantice que no malgastaras 10 minutos cada mañana buscando el atuendo adecuado para ese día?

Aunque la improvisación es importante, pensar de modo sistemático puede ser nuestro mejor amigo. Aunque somos emprendedores y no hay dos días iguales, sí que hay muchas cosas que repetimos una y otra vez. Hacer presentaciones, analizar datos y asistir a reuniones, por nombrar sólo tres. ¿Has pensado atentamente, experimentado y optimizado las veinte actividades más importantes y recurrentes que hay en tu vida? Si no lo has hecho, lo mejor para tu eficiencia es,

Houston Public Library
Check Out Summary

Title: Ganar, sin tener que perder : estrategias para cr
Call number: 650.1 M659
Item ID: 33477463322151
Date due: 2/5/2019,23:59

seguramente, buscar inspiración en la historia de mi abuelo y reservar cada lunes durante el próximo mes a empezar a poner en práctica «adelgazamientos» en tu propia vida.

> **POTENCIADOR DE LA EFICACIA #14:**
> **APLICA EL ENFOQUE DE ADELGAZAMIENTO**
> **A TUS ACTIVIDADES DIARIAS**

#15 INTERACTÚA CON LA ENERGÍA DE LOS DEMÁS

MARTIN BJERGEGAARD

Los físicos cuánticos describen el universo como un gigantesco tejido de energía. Afirman que el mundo objetivo no contiene color ni forma, no es feo ni hermoso, sino que consiste, simplemente, en energía. Para la mayoría de emprendedores con los pies bien asentados en el suelo, este concepto puede ser demasiado abstracto, pero muchos reconocemos que la energía interrelacionada es una realidad.

Un buen punto de partida es que para beneficiarnos de esta onda universal de energía y contribuir a ella, tenemos que optimizar la nuestra. Ya hemos hablado de seguir nuestra propia energía, pero por muy lleno de energía que estés, todavía sigues siendo una única persona en un mundo muy grande. Un hilo del tejido. **Para lograr algo significativo, tenemos que permitir que nuestra propia energía interactúe con la de otros.**

Me pasé meses, incluso años, pensando en escribir este libro; sin embargo no sucedió nada que valga la pena mencionar. Entonces conocí a Jordan. Nuestra energía interactuó, ya que él compartía mi pasión por este campo y, al igual que yo, ya había escrito una serie de notas e ideas. Acordamos escribir un libro juntos. Al asociarnos, las cosas se pusieron en marcha. Todo lo que yo había sido incapaz de hacer anteriormente se convirtió, de repente, con Jordan a bordo, en un proceso divertido y lúdico.

Una habilidad que prácticamente todos nuestros modelos de conducta tienen en común es que han comprendido y utilizado este principio. Crean ideas, visiones e impulso interactuando con otros, lo cual incrementa su ancho de banda exponencialmente. El total resulta mayor que la suma de las partes. Sentimos una entrega mayor cuando alguien más tiene la misma pasión que nosotros por un proyecto. Con frecuencia, mientras escribíamos este libro, había periodos de calma en que yo no había escrito nada. El catalizador para poner manos a la obra de nuevo era un correo electrónico de Jordan con su último artículo.

Chad Troutwine experimentaba un fenómeno similar con su compañía Veritas Prep. Cuando él y su cofundador, Markus Moberg, se conocieron en la Yale School of Management empezaron a trabajar juntos en la idea de Chad.

Muy pronto, Chad dejó claras sus intenciones de dedicarse a la empresa a jornada completa. En ese momento, Markus barajaba varias oportunidades en Wall Street; no obstante, Chad sabía que la energía de Markus sería un activo enorme para llevar adelante el proyecto. Una noche, los dos se reunieron para cenar y Chad le pidió a Markus que fuera un socio con plenos derechos y en pie de igualdad. Lo convenció para que rechazara un puesto en Wall Street y se uniera a él. A partir de ahí todo se aceleró.

Chad y Markus se alimentaban uno de la energía del otro,

además de depender también uno del otro cada día. Esta asociación es lo que les ha dado la fuerza para construir lo que hoy es una de las compañías de preparación de pruebas más destacadas del mundo, y los ha convertido a los dos, además, en multimillonarios. Esta asociación es también lo que les da la flexibilidad y la paz mental para seguir modos de vida equilibrados. Esta energía, este toma y daca, y el hecho de que la energía combinada de Chad y Markus sea tan estupenda es lo que hace que funcione.

En cuanto tengas una idea que quieras explorar, adopta la costumbre de preguntarte inmediatamente: «¿Quién se apasionaría también por este proyecto?» Llama a esa persona, reuníos para tomar un café y ved si brota la energía adecuada. Es el modo más rápido de avanzar,

> **POTENCIADOR DE LA EFICACIA #15:**
> **ASÓCIATE CON LAS PERSONAS**
> **QUE COMPARTEN TU PASIÓN**

MANERAS NUEVAS DE HACER COSAS VIEJAS

→ 5 AJUSTES QUE TIENEN UN EFECTO PROFUNDO

Hay algunas cosas que hacemos con mucha frecuencia, quizá con más frecuencia de lo que nos gustaría. Como poner al día nuestra lista de cosas que hacer, organizar nuevas reuniones o seguir las noticias *online*. Cada una de ellas es una actividad pequeña, pero combinadas acaban consumiendo una gran parte de nuestro tiempo y nuestra energía y, como resultado, suelen ser el tema de conferencias o sesiones de formación sobre la eficacia.

La mayoría hemos aprendido mucho sobre reuniones, listas de cosas que hacer y otras actividades que caen dentro de esta categoría. Pero, por alguna razón, las oportunidades más esenciales para mejorar se han deslizado fuera del radar. Es como si nos hubiéramos estado centrando en los peniques sólo para descubrir que nos hemos olvidado de las libras.

En la siguiente sección, nuestros modelos de conducta revelan un conjunto de ajustes más radicales que pueden ofrecernos un efecto más profundo. Prueba, por ejemplo, a detener por completo tu mente durante un minuto antes de seguir leyendo; si no sabes hacerlo, unas pocas páginas más adelante tendrás una nueva herramienta para usar cada día.

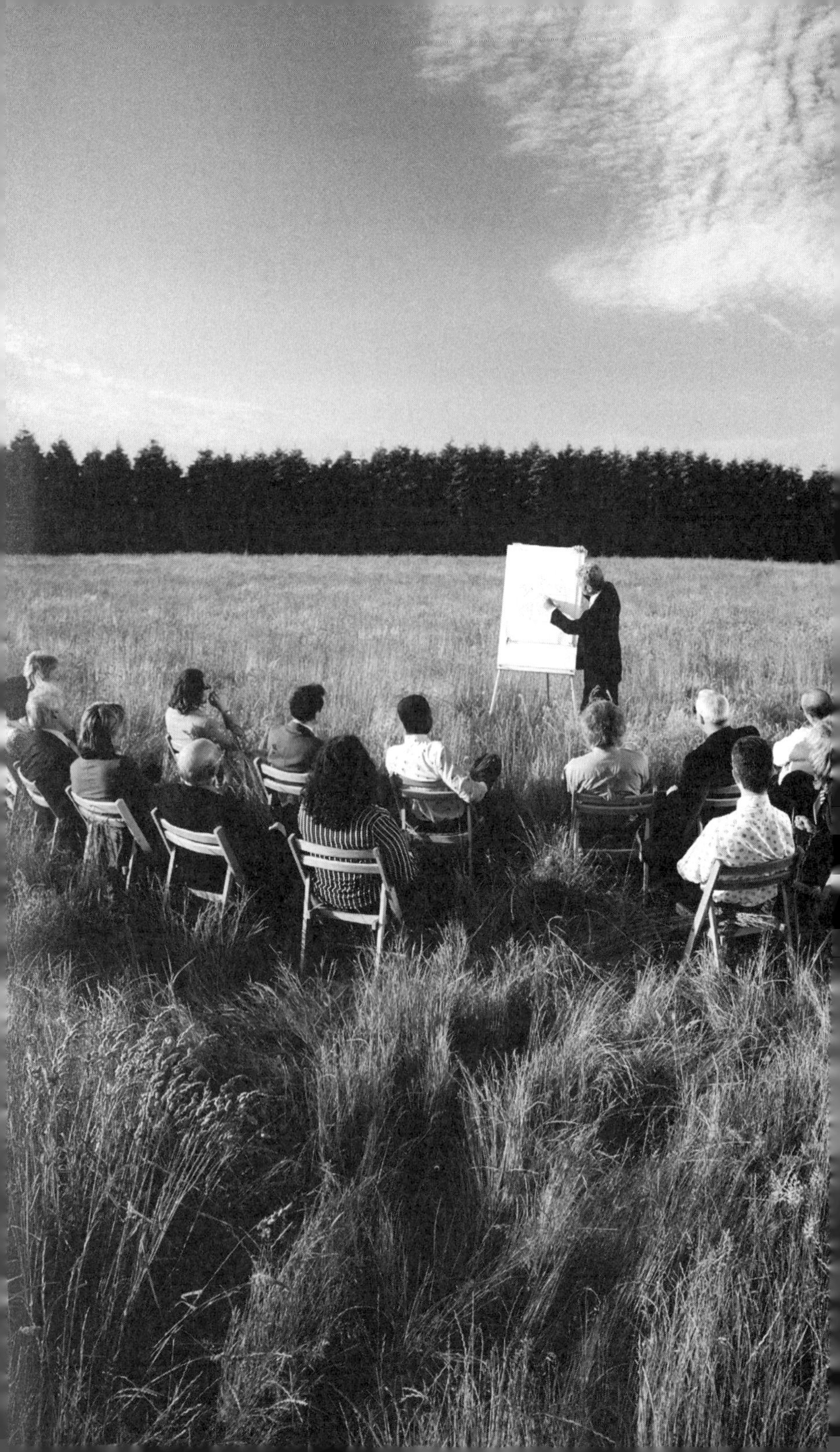

#1 REINVENTA LA REUNIÓN

MARTIN BJERGEGAARD

Con frecuencia, me pregunto cómo se constituyó el estándar no escrito de que todas las reuniones se celebraran con todos los participantes sentados en sillas agrupadas alrededor de una mesa. Si sintiéramos inclinación por las teorías de la conspiración, podríamos sospechar que los fabricantes de muebles en los inicios mismos de la era de la información eran líderes de grupos de presión corporativos y diseñadores de interiores con preciosos cuadros, blandos cojines para los asientos y promesas de acuerdos mediante pago de sobornos. Pero ¿qué está pasando de verdad aquí?

Durante la mayor parte de la historia humana, ha sido de otra manera. Los agricultores hablaban mientras trabajaban en los campos, los cazadores mientras compartían la caza del día y los pescadores mientras permanecían de pie en sus barcas, mirando al mar. ¿Quién nos enseñó que sólo podemos pensar, comunicarnos y colaborar si nos sentamos, colocamos una mesa entre nosotros y cerramos la puerta de la sala de reuniones?

Claus Meyer —un prolífico emprendedor gastronómico danés— tiene un enfoque diferente. Claus es de esa clase de hombres que quieren sacar lo máximo de la vida. Mientras estudiaba en la Escuela de Negocios de Copenhague, también trabajaba como cocinero en un pequeño restaurante de la misma ciudad. Aquel año, el joven Claus convenció al director de la escuela para que lo dejara llevar la cantina de la escuela. Claus acababa de volver después de vivir un año en Francia, con la familia de un chef y pastelero, y se sentía inspirado y totalmente seguro de que había encontrado su vocación. Quería cambiar la cultura de la comida danesa.

El contraste entre los primeros 19 años de su vida, pasados en la oscuridad culinaria de la Dinamarca burguesa y la luz que veía en Francia, sentaron los cimientos de lo que más tarde se convertiría en un imperio alimentario.

Hoy sus empresas tienen más de 500 empleados. Abarcan charcuterías, panaderías, cultivo de fruta, producción de comida para *gourmets*, cursos de cocina, *catering*, así como la mitad de la propiedad de Noma, nombrado ahora, por segundo año consecutivo, el mejor restaurante del mundo.

Al mismo tiempo, Claus se ha convertido en un chef de televisión de renombre en Dinamarca y ha conseguido una gran proyección internacional como presentador del programa de televisión *New Scandinavian Cooking*, que ha sido emitido en 100 países y visto por más de 50 millones de personas.

Claus tiene una filosofía inspiradora para las reuniones. «Hago todas las reuniones que puedo paseando o corriendo, especialmente si lo que vamos a discutir son temas difíciles. Una vez caminé con un colega por Copenhague durante dos horas mientras nevaba. Era un asunto realmente difícil y fue una experiencia fantástica.»

Cuando se entrenaba para la maratón de Berlín, en 2003,

necesitaba hacer mucho ejercicio, pero con 12 compañías, 500 empleados y tres hijos tuvo que pensar creativamente para poder entrenarse. «Necesito seis horas de sueño para funcionar como es debido, y estar con mi familia es muy importante para mí. Así que busqué en mi agenda huecos que pudieran ser utilizados para hacer ejercicio. De repente, me pareció obvio: había muchas reuniones internas con personas activas, como yo, que podrían convertirse en entrenamiento, sin perjudicar a la familia, la eficacia o los colegas», dice Claus.

En realidad, es bastante sencillo: nuestro cerebro trabaja mejor cuando nuestro cuerpo está en movimiento. Por esa razón, es raro que se nos ocurran nuestras mejores ideas sentados en una silla. Además, compartir una actividad crea una conexión entre las personas y es un punto de partida óptimo para el entendimiento mutuo. En cambio, una mesa entre nosotros crea distancia y una puerta cerrada hace que el ambiente se vuelva oficial e inhibe la creatividad. Cuando estamos sentados, llega menos sangre al cerebro y, conforme avanza la reunión, muchos nos distraemos y nos aletargamos, quizás incluso nos volvemos irritables o desconectamos.

Hay, claro está, algunas condiciones que deben cumplirse para sostener una reunión eficaz mientras nos movemos. Claus explica: «Antes de salir a las calles de Copenhague, decidimos los temas que vamos a discutir y acordamos lo que queremos lograr en la reunión. Si es necesario, vamos tomando notas con nuestros *smartphones*. Elegimos actividades que a todos nos resulten cómodas, como caminar, correr o desplazarnos con patines».

Personalmente, no descubrí esta estrategia hasta que me vi obligado a ello. Me estaba preparando para una reunión muy difícil y mi intuición me decía que no acabaría la sesión con éxito si permanecíamos sentados en nuestras sillas dentro de una sala de reuniones. Así que celebramos la reunión mientras caminábamos, y el resultado superó todas mis expectativas. Siguió siendo una reunión difícil, pero conseguí transmitir mi mensaje con la máxima empatía y precisión posibles.

Desde aquel día, hace tres años, hemos hecho reuniones caminando, corriendo y en bicicleta de forma regular. Las que hacemos andando son especialmente fáciles, porque no exigen que nos cambiemos de ropa; lo único que tenemos que hacer es bajar y salir a la calle, en lugar de entrar en la sala de conferencias.

Tenemos un parque magnífico cerca de las oficinas. Antes, a veces me entristecía un poco cuando miraba por la ventana y veía uno de esos raros pero cautivadores días de verano daneses mientras yo estaba atrapado con una agenda atestada. Menos mal que ya no es ése el caso.

AJUSTE #1:
HAZ REUNIONES CAMINANDO, CORRIENDO O EN BICICLETA

#2 HAZ UNA LISTA PARA «HOY»

JORDAN MILNE

Una de las posibilidades que tienen los emprendedores, y con la que no cuentan otros trabajos, es la libertad. Todos deseamos un horario laboral flexible, tardes libres y la capacidad de recoger y marcharnos a hacer algo divertido en un santiamén:

«Podría fijar mi propio programa.»

«Podría trabajar en la playa o en los rascacielos de Tokio.»

«Podría hacer las maletas y viajar por todo el mundo.»

Como probablemente habrás observado, el camino para alcanzar ese sueño es muy difícil para la vasta mayoría de los que lo prueban. Normalmente, los emprendedores trabajan más horas y se toman menos vacaciones que los que ocupan puestos corporativos. Una reciente encuesta mostraba que el 72 por ciento de los emprendedores del Reino Unido trabajaban más de 50 horas a la semana en sus empresas; un 59 por ciento, más de 60 horas, y un 32 por ciento, más de 70 horas. Las vacaciones son pocas y espaciadas: la misma encuesta mostraba que el 14 por ciento de estas personas daban por sentado que iban a trabajar duro cada día durante el próximo año. Sólo un 53 por ciento se tomaría siquiera dos semanas libres.

Una de las razones de que los emprendedores trabajemos tantas horas es que no hay nadie que nos diga que nos vayamos a casa o que defina nuestro programa de trabajo. Hacemos nuestro propio horario. Algo que, en teoría, suena a darse la gran vida resulta ser todo lo contrario. El jefe más exigente que jamás tendrá un emprendedor es él mismo.

El hecho de ser tu propio jefe se manifiesta de muchas maneras. Tienes que marcharte de una fiesta el viernes por la noche, porque te sientes culpable y tienes que trabajar por la mañana. Una vez más, se te ha hecho tarde y no has recogido a tus hijos del colegio. Tu amigo se va a casar y no puedes ir a la fiesta de despedida de soltero en Las Vegas. La lista continúa. La frustración aumenta. ¿Es así, realmente, como quieres vivir tu vida?

No tiene por qué ser así. Hay otra manera.

Stever Robbins lo sabe. Con un MBA por Harvard y un BS en Ciencia Informática por el MIT en su haber, ha desempeñado un papel clave en nueve empresas emergentes, cinco ofertas públicas iniciales (IPO, siglas en inglés) y tres adquisiciones. Con su vasta experiencia superior a la normal, sabe qué trampas evitar. Stever explica un concepto muy útil para esos emprendedores que da la sensación de que no pueden dejar de trabajar y cuyas jornadas laborales parecen no tener fin.

«Decide por la mañana lo que considerarás un trabajo de toda la jornada HOY. Cuando lo hayas hecho, puedes dejar de pensar en el trabajo. Una de las razones de que la gente siga preocupada por su trabajo, incluso cuando están de vuelta en casa, es que **nunca se detienen y definen por sí mismos qué significa haber hecho el trabajo de todo un día**. Así que nunca dejan de pensar qué es preciso hacer en total, no qué es preciso hacer HOY.»

Hay otro hombre de negocios de gran éxito que pone en práctica este principio. N. R. Narayana Murthy es un multimillonario que se ha hecho a sí mismo. Fundador de Infosys, una de las mayores empresas de servicios de TI de la India, ocupa puestos en los consejos de algunas de las más poderosas compañías, fundaciones e instituciones del mundo. Además tiene 26 doctorados honorarios.

Clasificado como el noveno CEO/presidente más admirado por Economist Intelligence Unit —junto con Bill Gates, Steve Jobs y Warren Buffet—, Murthy fue también el líder empresarial más admirado de la India durante cinco años seguidos. La revista *TIME* lo incluyó en la lista de héroes asiáticos que habían traído un cambio revolucionario y tenido el impacto más significativo en la historia de Asia en los últimos 60 años, junto con Mahatma Gandhi, el Dalái Lama, la Madre Teresa y Muhammad Ali.

De modo parecido al Dalái Lama, Murthy es una persona con los pies en el suelo, tranquilo y feliz. Se podría pensar que alguien con una responsabilidad tan enorme tendría dificultades para vivir en el momento. No obstante, él lo hace sin problemas. Cuando le preguntan cómo consigue estar libre de estrés después de llegar a casa del trabajo y cómo puede concentrarse plenamente en su vida hogareña, explica su método:

«Cuando éramos mucho más pequeños, escribíamos un conjunto de tareas que había que completar o en las que había que hacer progresos en ese día en particular. Es algo que he seguido haciendo hasta hoy, así que cuando salgo de la oficina, siempre que sienta que he dado todo lo que podía en esas tareas y que he progresado, estoy en situación de pasar un tiempo de calidad con mi familia. Cuando llego a casa claramente satisfecho por haber mostrado mi pasión y avanzado en la dirección acertada, siento gozo y paz interiores. Tengo la sensación de haberlo logrado, de mi propia valía. Por lo tanto, cuando veo a mi familia, les puedo dar toda mi atención».

Así pues, en lugar de tratar de acometer tu lista «permanentes cosas pendientes», decídete y elabora una lista para «hoy». Haz las tareas. Siéntete bien por ello y luego vete a recoger a tus hijos, haz ese viaje o quédate en esa fiesta todo el tiempo que quieras. Te lo has ganado.

AJUSTE #2:

CONVIERTE TU LISTA DE COSAS QUE HACER EN UNA LISTA PARA HOY

#3 CONOCE OTRAS COSAS

MARTIN BJERGEGAARD

Intenta visualizar la corriente de noticias vista desde arriba. Imagina al planeta Tierra con 7.000 millones de personas, más de 200 países y millones de tragedias y éxitos cada día. Añade una tanda de periodistas que se han impuesto la tarea de encontrar las noticias más interesantes, describirlas del modo más sensacionalista que sea posible y compartirlas con nosotros.

Además, imagina toda la información que no son noticias. Toda la ciencia y las ideas que hay en este planeta. El sistema educativo y el sector de los medios de comunicación que, constantemente, deciden qué historias comunicarle al mundo. Lo que los medios deciden publicar está cerca de lo aleatorio. El campo de posibilidades es tan enorme que ninguna persona puede tener una perspectiva general. Todos queremos saber más de casos de los que sabemos un poco; por ello, una vez que se ha mencionado una historia unas cuantas veces, se perpetúa a sí misma. Tenemos hambre de más.

El problema es que, **siguiendo la corriente regular de noticias, pasamos el tiempo enterándonos de las mismas cosas que todos los demás.** Esto no nos da ninguna ventaja real, ninguna percepción especial, nada nuevo que aportar al mundo.

Imagina tus conocimientos como un círculo. Imagina los conocimientos de «los otros» como otro círculo. Tu tarea es crear la menor coincidencia posible entre los dos. Saber algo diferente que los demás. Ahí es donde surgen las oportunidades.

Christian Stadil, propietario de la firma de moda Hummel y de otra docena de empresas multimillonarias, sabía algo sobre meditación, presencia y budismo antes que la mayoría de personas de negocios de su sector, y esto creó un carisma y una marca que acabaron siendo fundamentales para el imperio que ha creado desde entonces. De joven, Tony Hsieh, cofundador y CEO de Zappos, detallista *online*, experimentaba ofreciendo grandes experiencias festivas a sus amigos y, después, usaba ese conocimiento bastante raro (en los círculos empresariales) para crear una cultura empresarial única en Zappos.

Todos los *líderes del pensamiento* lo hacen; se centran en desarrollar nuevas ideas, en descubrir algo que no sea ya del dominio público.

Varios años atrás, mientras leía *La semana laboral de cuatro horas*, el éxito de ventas internacional de Tim Ferriss, tome una decisión y dejé de seguir las noticias (gracias, Tim). Esto ha tenido como resultado unas cuantas situaciones divertidas, pero ningún auténtico problema. Lo interesante es que, después de unos cuantos meses sin noticias, empezó a crecer en mí un nuevo interés; quería adquirir información de nuevo, pero información en campos específicos, que hubiera elegido por mí mismo y sobre los que quisiera aprender. Al dejar de lado los canales de noticias habituales y empezar a buscar opiniones nuevas y poco comunes, puedes ahorrar tiempo y, también, lograr más. Y también es mucho más divertido.

> AJUSTE #3:
> CONSTRUYE TU PROPIO CÍRCULO DE INFORMACIÓN

#4 DALE UN BREVE DESCANSO A TU MENTE

MARTIN BJERGEGAARD

¿Alguna vez has intentado lidiar con un problema para el que, sencillamente, no encontrabas solución? Pensabas mucho y durante largo tiempo, usabas todo tu poder mental y procurabas esforzarte para dar con la respuesta. Luego renunciaste, saliste al jardín y te pusiste a segar el césped y, *bang,* de repente lo viste claro como el agua.

¿Qué había pasado? Dejaste que tu cerebro se relajara y entonces, sin más, estaba listo para responder.

Si te entrenas con pesas, sabrás que después de 10 levantamientos, los músculos necesitan un breve descanso antes de estar listos para la siguiente serie. Los corredores saben que el entrenamiento por intervalos es el tipo de ejercicio más efectivo; primero corres unos minutos, fuerte y rápido, luego te tomas unos minutos de descanso.

Lo extraño es que, cuando se trata del trabajo del cerebro, todavía no hemos aprendido a usar este principio obvio con eficacia. Seguimos creyendo que lo único que tenemos que hacer es «aguantar» cuando el cerebro da señales de fatiga. Por supuesto, sí que le damos algún descanso al cerebro. En algún momento, apagamos el ordenador, nos relajamos con una buena película, nos vamos a dormir. El cerebro se recarga para el día siguiente y vamos al trabajo con el propósito de pensar con eficacia durante las siguientes 8, 10 o 12 horas.

Pero el cerebro no está diseñado para rendir al máximo nivel durante horas y horas. Al igual que sucede con los músculos, **lo óptimo es alternar entre una intensa actividad y un ritmo relajado en intervalos cortos.**

Empieza por pensar con concentración e intensidad un rato, luego vacía la cabeza de todo pensamiento, por completo, y siente lo «presente» que estás en el momento, sin calcular, analizar o juzgar. Estás muy despierto, pero tu cabeza está completamente vacía. Sólo es necesario que las pausas sean de unos pocos segundos; a los demás les parecerá que estás absorto en tus pensamientos. Pero, en realidad, estás haciendo todo lo contrario. Le estás dando tiempo libre a tu cerebro y, cuando dejes entrar de nuevo a los pensamientos, la solución te resultará evidente.

Eckhart Tolle, autor de los éxitos de ventas internacionales *El poder del ahora* y *Un nuevo mundo, ahora*, dice: «La sencilla razón de que la mayoría de científicos no sean creativos no es que no sepan pensar, sino que no saben cómo dejar de pensar».

De forma intuitiva todos sabemos que necesitamos tiempos muertos mentales durante el día, y nos los tomamos, más o menos inconscientemente, como cuando bebemos agua o tomamos un café, charlamos de cosas sin importancia con un compañero o paramos para almorzar. Pero esos tiempos muertos son muy escasos, muy al azar y muy ineficaces. Echemos una ojeada:

Demasiado escasos: para pensar de modo óptimo, necesitamos estar más cerca de entre 50 y 100 pausas durante el día que de entre 5 y 10.

Demasiado aleatorios: debemos hacer una pausa cuando nuestro cerebro la necesite, no cuando circunstancias externas, como el reloj o los compañeros, lo exijan.

Demasiado ineficaces: la mayoría seguimos pensando durante las pausas, sólo que suele ser sobre algo diferente de la tarea en la que estamos ocupados. Se puede lograr el máximo beneficio si, durante la pausa, podemos dejar de pensar por completo.

La fatiga del cerebro es diferente de la de los músculos. Si aprendemos a reconocer esa sensación, podemos insertar unos cuantos segundos de pausa exactamente cuando los necesitamos. Al hacerlo, disfrutaremos de claridad de pensamiento muchas veces al día, no sólo cuando estemos segando el césped los domingos.

> **AJUSTE #4:**
> **INTERCALA CONSCIENTEMENTE MOMENTOS LIBERADORES DE LA MENTE A LO LARGO DEL DÍA**

#5 CÉNTRATE EN LO RABIOSAMENTE IMPORTANTE

MARTIN BJERGEGAARD

Nuestro inversor más fiel, Jannick B. Pedersen, es el propietario de la rama escandinava de FranklinCovey, el gigante de consultoría y formación global. La empresa fue fundada por el profesor Stephen Covey, el icono que hay detrás de muchos libros, éxitos de ventas, sobre eficacia y desarrollo personal. El más conocido de todos ellos es *Los siete hábitos de la gente altamente efectiva*.

Cuando Jannick nos propuso que compráramos uno de sus cursos para nuestra propia empresa, nos apresuramos a complacerle, aunque no porque seamos muy aficionados a los cursos. Al igual que la mayoría de emprendedores, somos discípulos de la filosofía de «aprender haciendo». Por lo tanto, fue con un cierto temor como, hace tres años, cerramos la empresa por dos días completos y nos embarcamos en una formación conjunta. No obstante, para nuestra sorpresa, resultó que estas dos jornadas acabaron siendo las más efectivas de los más de 2.000 días que llevábamos trabajando en Rainmaking hasta entonces.

El tema del curso era «Ejecución», y lo que aprendimos se convirtió en un principio rector tanto en Rainmaking como en todas nuestras empresas emergentes: centrarse en lo que es rabiosamente importante.

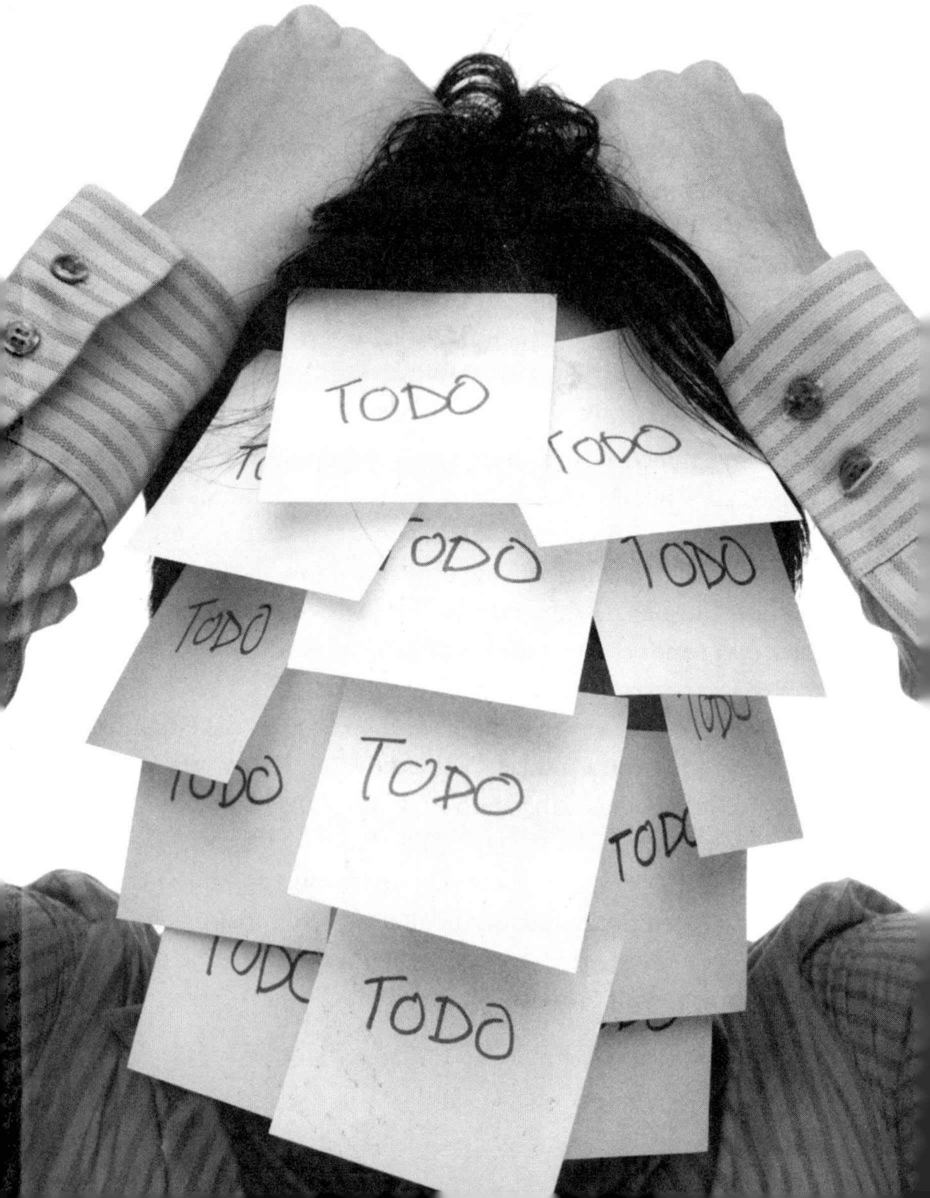
TODO
TODO
TODO
TODO
TODO
TODO

Desde la escuela estamos acostumbrados a hacer una lista de todos los deberes que tenemos que hacer. Cuando vamos a comprar, escribimos una lista de todas las cosas que tenemos que comprar. En la vida laboral, la lista recibe el nombre de «lista de cosas que hacer», y con frecuencia es electrónica. Hay multitud de sistemas para ayudarnos a tener la mejor perspectiva global de todas las cosas que debemos hacer. Incluyen avisos en momentos específicos y la posibilidad de compartir cosas de nuestra lista con nuestros colegas. En muy poco tiempo, tú y tu equipo podéis generar una cantidad tremenda de tareas para ti mismo y unos para otros. Incluso podemos ojearlas y seguir su progreso; es decir, siempre que todos se acuerden de poner al día el sistema cada vez que hacen algo.

Todo esto está muy bien, pero hay una información importante que la mayoría pasamos por alto: en cualquier momento dado, en nuestra empresa hay de una a tres tareas tan importantes que, en comparación, todo lo demás son detalles insignificantes.

Puede ser cerrar una ronda de inversiones para evitar quedarnos sin dinero, ocuparnos de un empleado clave que está a punto de marcharse o centrarnos en hacer que nuestro producto sea viral, para conseguir el crecimiento escalable con el que soñamos. Sea cual sea, ESA tarea es decisiva. La tarea en la que nosotros y nuestro equipo deberíamos centrarnos por completo.

Pero, con frecuencia, es más fácil acabar otras tareas menores de nuestra lista de cosas que hacer, en lugar de intentar lidiar con ese monstruo grande y aterrador que es lo «rabiosamente importante». Es sólo humano, y es exactamente la razón de que necesitemos absolutamente algo diferente (o por lo menos algo más) que unas extensas listas de cosas por hacer. Necesitamos metas rabiosamente importantes (MRI), consejos MRI y sesiones semanales MRI que se ocupen de lo rabiosamente importante.

MRI: metas rabiosamente importantes. ¿Sabes cuáles son las tuyas? Averígualo, junto con tu equipo y anótalas. Utiliza frases cortas y enunciados que se puedan medir. Por ejemplo: «Nuestra meta rabiosamente importante es aumentar nuestra tasa de éxitos desde el 10 al 20 por ciento en los próximos tres meses».

Consejos MRI: necesitas una pizarra blanca grande (o una pantalla) en medio de la oficina para escribir la medida diaria o semanal de vuestras MRI, y recordárselo a todos diariamente. Por ejemplo: «La tasa de éxito de esta semana es el 12 por ciento».

Sesiones MRI semanales: reúnete con todo el equipo una vez a la semana, a una hora fija. Haz que la reunión no dure más de 15 minutos. Todos comentan brevemente lo que han hecho desde la última sesión para ayudar a conseguir la MRI, y dicen qué llevarán a cabo antes de la siguiente sesión para acercaros más aún a vuestro objetivo (FranklinCovey ha investigado y resulta que si tratamos de hacer más de 1-3 MRI cada vez la probabilidad de completar con éxito la tarea cae de modo significativo).

La escuela nos ha influido, naturalmente, a casi todos. Queremos de verdad ser buenos. Queremos producir mucho y ser capaces de exhibir una lista de tareas que ya hemos completado o estamos en vías de completar. Es una sensación estupenda señalar con una marca la tarea que acabamos de completar, o borrar una línea de la larga lista. Muchos padecemos la *mentalidad de la marca*.

Es más fácil que se nos ocurran ideas para tareas y añadirlas a nuestra lista de cosas que hacer que ser listos, priorizar y eliminar algunas. No obstante, ése es el auténtico desafío: FranklinCovey nos enseña que el arte de una práctica eficaz y una gestión empresarial efectiva es reducir, reducir y reducir, hasta que podamos concentrarnos en los pocos retos rabiosamente importantes.

Una lista de cosas que hacer puede seguir siendo una idea excelente. En el utilísimo libro *Organízate con eficacia*, David Allen explica cómo podemos evitar el estrés anotando todas las tareas en un sistema seguro, permitiendo así que nuestro cerebro deje de aferrarse a esas ideas. N. R. Murthy y Steven Robbins nos enseñan que hacer una lista «para hoy» puede ayudarnos a definir nuestras horas de trabajo y liberarnos. También podemos anotar en ella nuestra tarea rabiosamente importante, y podemos desglosarla en una serie de subtareas, que juntas conduzcan a nuestro objetivo.

Pero la lista de cosas que hacer es una actividad residual (es decir, algo en lo que trabajamos cuando necesitamos descansar de lo que es rabiosamente importante), no algo a lo que nos dedicamos la mayor parte de la jornada laboral. Empieza cada mañana repitiéndote qué es lo rabiosamente importante, y visualiza cómo harás un esfuerzo concentrado para acercarte a tu meta hoy.

Siguiendo este planteamiento, descubrirás que hay muchas tareas importantes (pero no *rabiosamente* importantes) en tu lista a las que nunca llegas. Pero, de alguna manera, como por arte de magia, alcanzas el máximo éxito de todos modos, y sin tener que agotarte, porque te centras en las poquísimas cosas que son 10, 100 o 1.000 veces más importantes que todo lo demás.

> **AJUSTES #5:**
> **NO TRATES DE HACERLO TODO, SINO SÓLO LAS POCAS COSAS QUE DE VERDAD IMPORTAN**

DESCONFÍA DE LOS QUE MALGASTAN TIEMPO Y ENERGÍA

→ 14 IDEAS PARA AYUDARTE A SALVAR LOS ESCOLLOS

Es asombrosa la cantidad de tiempo y energía que todos malgastamos diariamente. Se ha demostrado, hasta la saciedad, que el 20 por ciento de nuestros esfuerzos aportan, como mínimo, el 80 por ciento de nuestros resultados. La enorme mayoría de nuestro trabajo no añade ningún valor significativo ni a nuestro éxito ni a nuestra felicidad.

La parte peliaguda, claro, es distinguir entre tareas importantes y desviaciones que nos hacen perder el tiempo. Los 14 artículos siguientes te proporcionarán la guía y la inspiración para que avances hacia ese fin. Después de leerlos, identifica tus propias trampas para elefantes: esos enormes agujeros que te hacen perder el tiempo y en los que caes de forma regular. Las cosas que nos hacen malgastar el tiempo serán diferentes para cada persona.

Para algunos, pueden ser los conflictos innecesarios; para otros, su incompetencia para ganar dinero, y para otros, puede ser posponer tomar decisiones difíciles.

Tómate un momento para identificar cuáles son tus trampas

para elefantes particulares y luego dedícate sistemáticamente a abordarlas. Empieza por entender bien lo fundamental. Por supuesto, puedes encontrar abundantes consejos sobre la eficacia. Pero lo que necesitas por encima de todo son algunos elementos esenciales. Ahí van.

> «He observado que la mayoría de personas avanzan durante el tiempo en que otros malgastan el tiempo.»
> HENRY FORD

#1 APRENDE CUÁNDO DECIR BASTA

JORDAN MILNE

Todos conocemos a alguien que se está esforzando por sacar su empresa adelante desde que lo conocemos. De hecho, esa persona bien podría haber sido uno de nosotros en algún momento. Sea por problemas en reunir un equipo, construir el producto, establecer asociaciones o conseguir aprobación, la idea no parece despegar.

Una de las cosas que más hacen perder el tiempo es trabajar en un proyecto que no tiene tramos. Eso afecta a nuestro equilibrio y felicidad, ya que trabajamos durísimo sin cosechar ninguna recompensa por nuestros esfuerzos.

Por otro lado, la mayoría hemos oído historias de emprendedores que han alcanzado el éxito mediante una gran perseverancia y tenacidad, después de reventarse a trabajar muchos años y parece evidente que el mérito de su éxito corresponde a su perseverancia.

Así pues, ¿qué debemos hacer? ¿Cómo manejamos la paradoja de cuándo perseverar y cuándo decir basta? ¿Cuándo repicar y cuándo ir en la procesión?

Brad Feld y David Cohen son cofundadores de TechStars, una de las aceleradoras de empresas emergentes con más éxito del mundo. TechStars organiza programas en Boulder, Boston, Seattle y Nueva York.

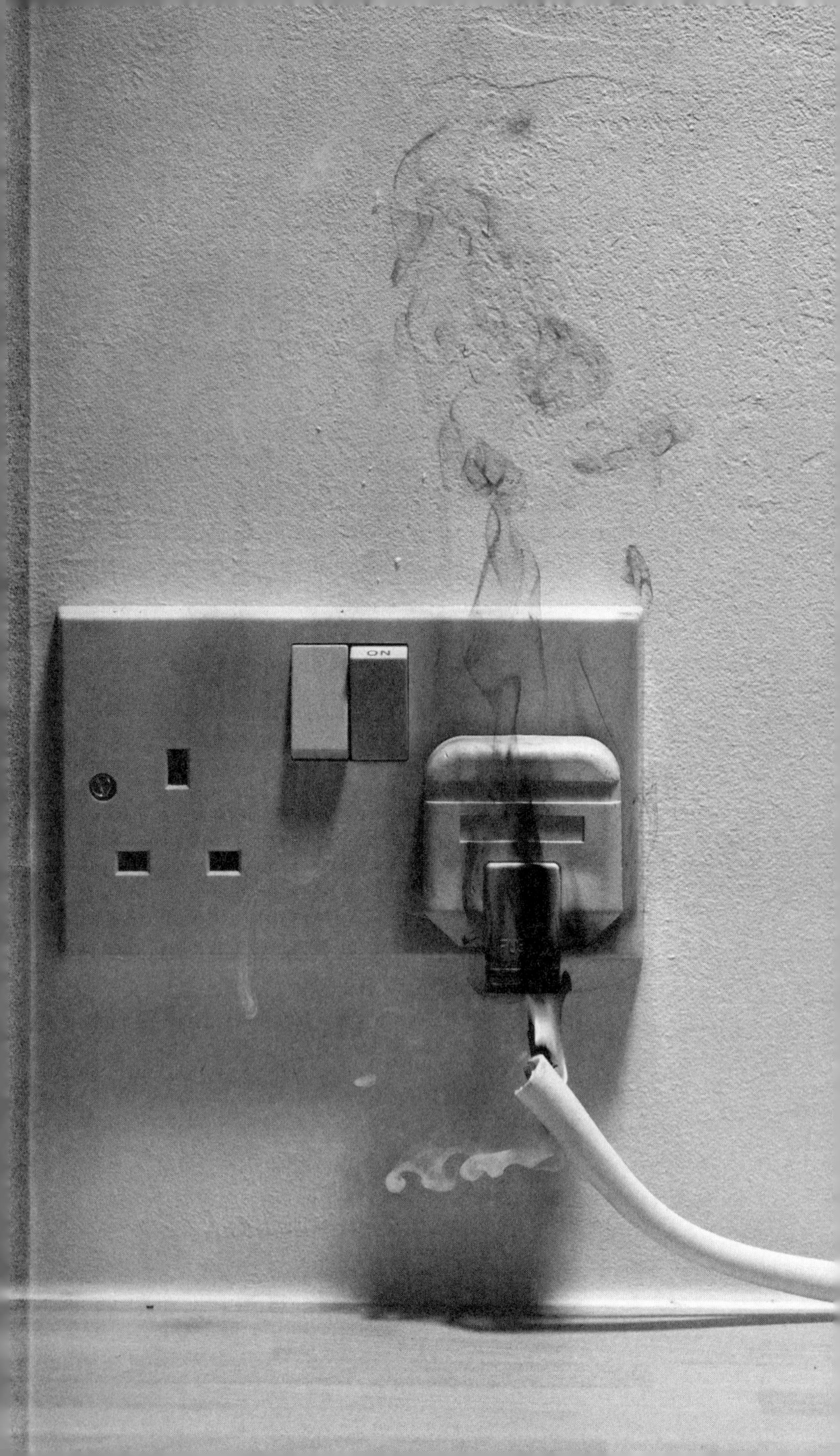
ON

Desconfía de los que malgastan tiempo y energía

Actuando como mentores y aportando una financiación inicial ayudan a crecer a las compañías jóvenes. Más del 70 por ciento de las empresas emergentes en las que participan tienen éxito y cierran un acuerdo con inversores por cientos de miles o incluso millones de dólares justo después del programa de tres meses.

Muy pocas personas han visto más empresas emergentes que Brad y David. Desde la riqueza de su experiencia, nos hicieron partícipes de sus ideas sobre la paradoja para ayudarnos a decidir cuándo deberíamos seguir empujando y cuándo hay que cortar las pérdidas.

David dice que deberíamos pensar en dejarlo si:

- No haces más que pensar en qué otra cosa podrías estar haciendo con tu tiempo o tus recursos.
- Si esa «otra cosa» no deja de llamarte.
- Si has perdido la pasión y estás constantemente distraído.
- O si estás a punto de hacer tu cuarto o quinto giro importante (lo cual quiere decir que tu idea ha cambiado drásticamente muchas veces desde que la concebiste. Es sano que haya un proceso iterativo, pero tiene sus límites).

«Los altibajos son naturales. Cuando sientes que quieres dejarlo, espera cuarenta y ocho horas. Tómate, quizás, unos días libres. Si sigues sintiendo lo mismo, piensa de verdad en dejarlo. Si no, no hay por qué preocuparse», explica David. También propone un ejercicio de visualización. Tómate un día para visualizar un resultado: dejar el proyecto actual y empezar uno nuevo. Identifícate con esa decisión. ¿Cómo hace que te sientas? ¿De qué humor te pone?

Al día siguiente, cambia completamente de modo de pensar; visualiza que estás entregado a tu actual proyecto y, los próximos años, entras en la oficina y trabajas para vencer los retos y construir tu empresa. Y luego pregúntate cuál de los dos escenarios te entusiasma más.

David afirma que en un aspecto no personal, dejarlo debería ser la consecuencia de la honradez intelectual. ¿Qué te dice realmente el mercado?

Para la mayoría de la gente, el término «dejarlo» tiene una connotación negativa, de modo injustificable. Una de las razones de que muchos emprendedores perseveren es debido a este estigma. No quieren «abandonar». Sin embargo, en muchas circunstancias, poner fin a una empresa no es malo. Con frecuencia, es hacer lo acertado y nos llevará a la siguiente oportunidad, la que nos proporcionará éxito, equilibrio y felicidad. Un término mejor para «dejarlo» es buscar una «nueva plataforma de oportunidades».

Evalúa continuamente tanto tus empresas como tu modo de pensar en relación con ellas. Toma las decisiones difíciles y, cuando lo hagas, dice Cohen: «Sé consciente de que nunca sabrás seguro si estás tomando la decisión acertada. Los emprendedores toman decisiones sin contar con el cien por cien de los datos todo el tiempo. Esto no es diferente».

Lo más importante es comprender que el fracaso puede ser una parte muy importante del proceso. Escucha la sabiduría de la frase «El fracaso no existe, sólo hay opiniones». En otras circunstancias, eso mismo podría haber tenido un resultado diferente. Aprende del fracaso, y vuelve a intentarlo.

Cuando te enfrentas a una decisión difícil cuesta mantener la perspectiva. Tres meses duros parecen mucho más difíciles mirando hacia delante que hacia atrás. Si debes hacer algo difícil y sientes el impulso de posponerlo, no lo hagas. Pon en marcha el reloj ya. Puedes empezar a actuar para dejarlo atrás o permitir que siga suspendido encima de tu cabeza. Como me digo cuando voy al dentista, no importa lo que pase, dentro de 30 minutos ya no estaré en esa silla.

Con frecuencia, cuando las cosas empiezan a fallar, tenemos una falsa sensación de urgencia que nos dice que debemos lograr que funcione, pase lo que pase. Cuando estamos aferrados a algo y falla, podemos perder de vista otras oportunidades. Tenemos que recordar que los que triunfan ven oportunidades por todas partes.

Procura reconocer que, a veces, tus pasadas experiencias quizá tengan un coste irrecuperable. No caigas en esa trampa de los casinos que te empuja a continuar «aumentando tus apuestas». Por el contrario, piensa que estás empezando tu empresa hoy con todo lo que sabes ahora. Desconecta y reinicia. Hoy es, sinceramente, el primer día del resto de tu vida. ¿Qué elegirás hacer?

PÉRDIDA DE TIEMPO #1:

TRABAJAR EN EL PROYECTO EQUIVOCADO

#2 NO TIENES POR QUÉ «HACER QUE FUNCIONE»

MARTIN BJERGEGAARD

Hace años, cuando trabajaba como consultor de gestión en McKinsey & Co., oí una expresión sobre la cual, en aquel entonces, no pensé demasiado. El socio le preguntaba a su jefe de proyecto sobre alguien de la empresa del cliente y si colaboraba y se trabajaba bien con él. El jefe de proyecto asentía levemente, el aire cargado de reservas, mientras yo le oía decir: «Puedo hacer que funcione». Era el código McKinsey y significaba que la relación era tensa, pero que el consultor, por medio de técnicas de empatía e influencia, convertiría la colaboración en un éxito, por mucho que costase.

Ole Høyer, que aconseja a altos ejecutivos cómo optimizar su energía y su rendimiento, es un hombre que tiene un planteamiento diferente.

«Creo que nosotros, los humanos, vibramos con frecuencias diferentes, y cuando nos encontramos con alguien en la misma frecuencia, entramos en el flujo y podemos crear juntos y lograr grandes resultados sin dolor ni sacrificio», dice Ole.

Desconfía de los que malgastan tiempo y energía

Todos lo reconocemos en nosotros mismos. Cuando trabajamos con algunas personas, podemos seguir a plena potencia durante horas y horas y parece que estemos jugando. Con otras, sin embargo, una única sesión parece una eternidad y, cuando por fin se acaba, estamos vacíos de energía. Llámale química, conexión o mutuo entendimiento; pero eso es lo que experimentamos con las personas que tenemos muchas ganas de ver, y que hacen que seamos capaces de lograr más de lo que nunca habíamos soñado.

No obstante, con demasiada frecuencia, nos conformamos con menos. Conocemos a alguien que tiene algo que queremos y, aunque nuestra alarma interior se dispara, nos tragamos la incomodidad, y entramos en la relación para alcanzar el resultado deseado. La mayoría tenemos un cliente, un colega, un socio o un inversor que encaja en la descripción. Ole nos recuerda que no sólo es una mala idea desde el punto de vista de la felicidad, sino también un desperdicio de buena energía, lo cual a su vez lleva a un rendimiento general más bajo.

«Yo emito una cierta energía, y algunos clientes se sienten atraídos por ella y otros no. Para proporcionar mi producto, requiero una estrecha cooperación con el cliente, y no trato de persuadir a nadie que no esté preparado para mi mensaje. Lo que hago es seguir la energía allá dónde vaya y, como resultado, tengo muy pocas reuniones con los clientes cuyo resultado no sea la colaboración», dice Ole.

Su producto es tan importante como inusual; formar ejecutivos para que optimicen su energía y cumplan su propósito en la vida. Ole y su equipo de *coaches* actúan a intervalos, meditan, hacen ejercicios de contacto visual, hablan de la estabilidad emocional y la conciencia espiritual con sus participantes. Aunque todo esto pueda sonar un poco *new age*, la lista de clientes no lo es en absoluto: Goldman Sachs, Deloitte, Novastis, Nordea, el mayor banco de Escandinavia, y UBS, el gran banco suizo, están entre sus clientes más fieles.

Ole tiene éxito y está relajado al mismo tiempo. Empezó siendo autónomo justo antes de la crisis financiera y, mientras miles de otras pequeñas firmas de consultoría han sucumbido, él ha experimentado un crecimiento constante. Pasa el 20 por ciento de su tiempo proporcionando su producto y el otro 80 por ciento viajando, cultivándose más y preparándose para rendir al máximo durante sus cursos.

Ha puesto en marcha su propia obra benéfica en la India, que dirige escuelas y facilita microcréditos a la población rural. Viaja a retiros de meditación y yoga en las Bahamas, en Suiza, con vistas a las montañas, junto a las playas del sur de la India, y le encanta bailar los «cinco ritmos» (de Gabrielle Roth) durante horas en sus muchos viajes a Nueva York.

¿El secreto? «No tengo ningún requisito previo en especial para hacer lo que hago. Sólo soy un banquero que un día se cansó de trajes y números. Dediqué un par de años a encontrar mi propósito en la vida y optimizar mi propia energía, Ahora, inspiro a los demás a hacer lo mismo. Si hay un secreto, es que me atrevo a ir donde me lleva mi energía. La mayoría espera que la energía seguirá estando ahí, incluso cuando se alejan de ella», confiesa Ole.

Si quieres estar lleno de energía, asegúrate de dedicarte a actividades que te entusiasmen, y de estar con personas que te

Desconfía de los que malgastan tiempo y energía

recarguen e inspiren. Cuando comprometes tu energía, una ganancia a corto plazo se convierte, con frecuencia, en una molestia duradera. Sé fiel a tu energía y siente adónde te lleva.

PÉRDIDA DE TIEMPO #2:
TRABAJAR CON GENTE QUE NO TE DA ENERGÍA

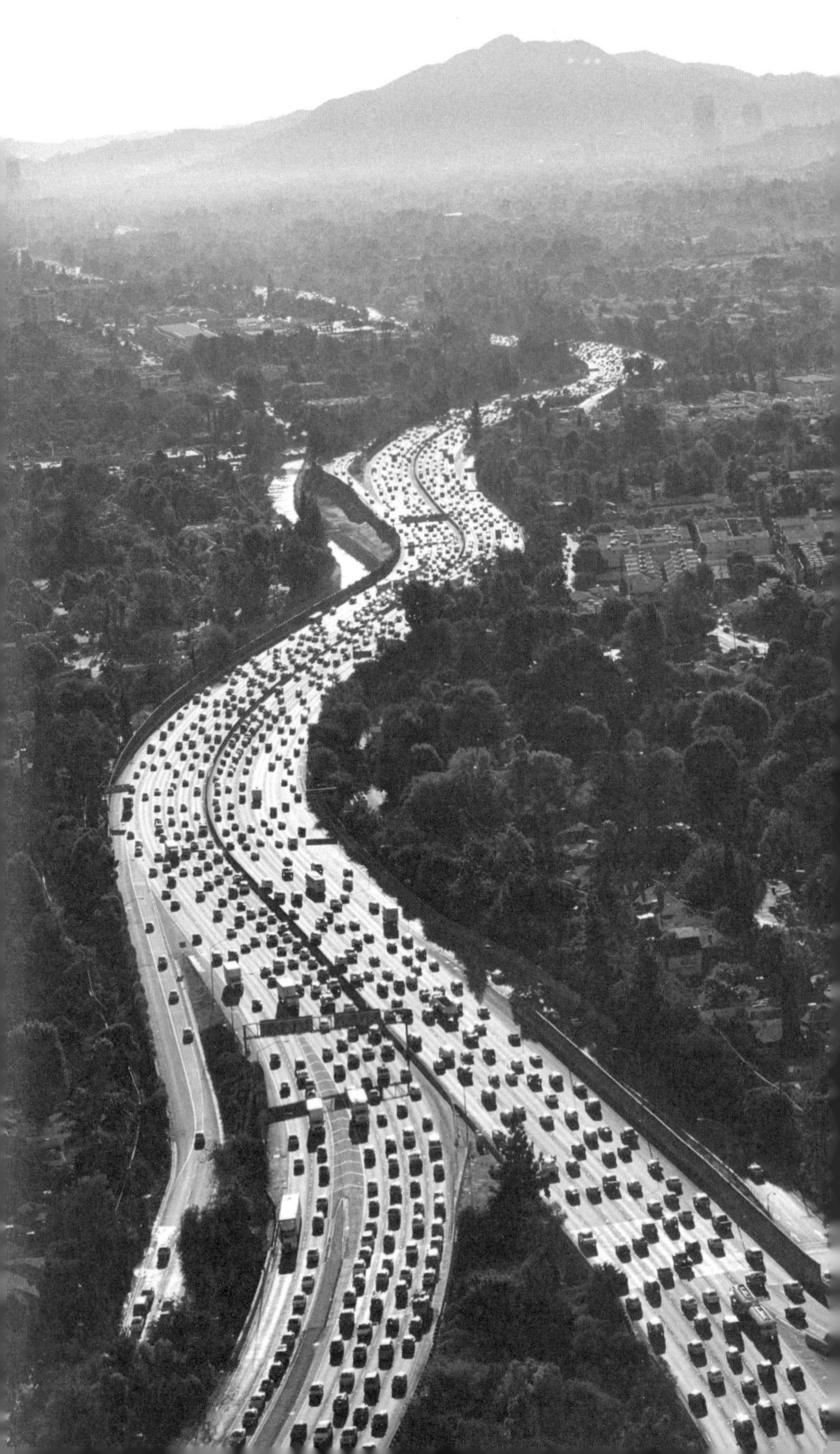

#3 GÁNATE TU MES EXTRA

JORDAN MILNE

¿Qué harías con un mes extra? Treinta días completos que son tuyos por completo. Quizás usarías el tiempo para promover tu negocio, centrándote más en marketing o estudiando con un experto en tu campo. Tal vez emprenderías una pequeña aventura: explorar los rincones más remotos de la Tierra, bajar en balsa por el río Colorado o volar en ala delta en Brasil. O a lo mejor elegirías algo totalmente diferente, como plantar un jardín de plantas aromáticas o aprender a tocar el piano.

¿Y si te digo que este mes libre no es algo excepcional, sino que consigues uno cada año? Es más, ¿y si ya tienes ese tiempo libre, pero todavía no te has dado cuenta? ¿Qué estamos haciendo muchas personas actualmente con estas preciosas horas? Debe de ser algo importantísimo para justificar tanto tiempo, ¿verdad? No obstante, resulta que con este precioso mes de nuestra vida, lo único que hacemos es quedarnos sentados en el coche. Exacto. Sentados en el coche.

La cubierta de *Macleans*, la revista nacional de Canadá, del número del 17 de enero 2011, revelaba una verdad alarmante: «Los canadienses se pasan el equivalente a 32 días laborables en un atasco de tráfico».

Aunque seas un canadiense al que le gusta oír música en el coche, aprender italiano o escuchar a Harry Potter en cinta, nos costaría mucho encontrar a una sola persona que crea que es un buen uso de tanto tiempo. Cuando lo comparamos con otras maneras de pasar un mes, ¿cuántas veces crees que estar atascado en el tráfico entraría en las listas de los 10 o incluso los 100 principales?

Para los canadienses que van y vienen del trabajo en coche, cada día, el tiempo acumulado que pasan metidos en el tráfico es abrumador. Si trabajas desde los 25 a los 65 años, son un total de 3,75 años los que pasarás yendo en coche de casa al trabajo y del trabajo a casa. Para muchos, habrá más consecuencias negativas, cuando la presión para compensar el tiempo perdido nos obliga a trabajar con el teléfono móvil mientras conducimos en medio de un denso tráfico, algo que es a la vez peligroso y estresante.

Pero ¿es posible que este problema sea exclusivo de esos locos canadienses? ¿Serán los culpables sus carreteras heladas y los trineos con perros? No es así. El tiempo y energía gastados en los desplazamientos al trabajo son un fenómeno global. En Alemania, un estudio demostraba que a las personas que tienen un largo viaje al y desde el trabajo les va peor, de forma sistemática, y dicen estar significativamente menos satisfechos de su vida. Aunque parezca una cifra asombrosamente alta, 32 días al año se traducen en poco más de dos horas de viaje cada día, lo cual no es, digamos, tanto tiempo.

Un estudio hecho entre los que, cada día, recorren una distancia considerable para ir al trabajo en Dublín, Irlanda, reveló que casi un 80 por ciento pensaban que esos viajes son una experiencia estresante. Produce mucha tensión hacer esos trayectos dos veces al día. Los viajeros regulares que trabajan en el centro de la ciudad suelen optar por casas más grandes, lejos de la ciudad, en lugar de escoger un lugar más pequeño, más cerca de su trabajo. Al hacerlo, suelen pensar que la felicidad que los metros cuadrados añadidos les aportarán compensará las dos horas que perderán cada día en viajes.

Es cierto que, a veces, esos desplazamientos son la única opción, pero, dado el coste, deberíamos tratar de reducirlos por todos los medios. **Podemos atenuar el golpe usando estrategias como trabajar desde casa, aunque sólo sea un día a la semana.**

Quizá mejor todavía, podríamos ir a trabajar corriendo o en bicicleta. La mayoría estamos de acuerdo en los beneficios del ejercicio. El problema es encontrar el tiempo y ahí es donde el chef Claus Meyer ha encontrado un auténtico tesoro escondido de tiempo extra.

«La mayoría pasamos varias horas a la semana transitando, de una forma u otra. Cada vez que voy de A a B, me he acostumbrado a preguntarme: ¿puedo ir andando, corriendo o en bicicleta, en lugar de coger un taxi, el coche o el tren?»

«Siempre hay un "coste de oportunidad" en el ejercicio. Cuando entro en la pista de bádminton, simultáneamente me alejo de otra cosa. El problema es que esta "otra cosa" debería ser tan poco importante como fuera posible. Nunca practico ningún deporte al final de la tarde, porque quiero pasar ese tiempo con mi familia. Pero no tardo mucho más en recorrer ocho kilómetros en Copenhague corriendo que conduciendo. Si mi compañero no quiere correr conmigo, puede traerme ropa limpia y yo puedo llevarla en la mochila o enviarla en taxi por adelantado. Para mí, el ejercicio vale mucho más que cuarenta dólares». De esta manera, Claus engaña al reloj cada día, y saca una hora de la nada.

«Algunos pueden pensar que es un poco extraño llegar sudoroso y con necesidad de una ducha antes de una reunión, pero la mayoría se limita a sonreír, y para mí es un rugido de libertad. Cuando corro por el centro de la ciudad, mientras los conductores de coches están parados en un atasco, tengo un subidón que va más allá de lo que correr, en sí mismo, me da. Me siento libre y privilegiado», dice Claus.

Incluso de viaje, este planteamiento puede tener mucha fuerza. La perspectiva de esperar cinco horas en el aeropuerto de Bangkok combinada con la actitud de Claus respecto al ejercicio, lo impulsó a buscar una oportunidad que la mayoría habríamos pasado por alto. Por medio de unos contactos en la Danish Badminton Federation, concertó una sesión de entrenamiento con un jugador de primer nivel en el Royal Badminton Club, de Bangkok.

Cuarenta minutos después de salir del aeropuerto estaba cara a cara con el jugador clasificado en el puesto 35 de Tailandia. Esto tuvo como resultado correr de un lado para otro por todos los rincones de la pista, con el pulso acelerado en el húmedo calor y un recuerdo para toda la vida.

Dos horas después, Claus volvía a estar en el aeropuerto, sintiéndose genial, recién bañado, profundamente agradecido y más del cien por cien más satisfecho que la mayoría de los demás pasajeros que esperaban su vuelo, y dispuesto a cuidar

Desconfía de los que malgastan tiempo y energía

de sus hijas mientras su esposa disfrutaba de un masaje muy merecido.

> # PÉRDIDA DE TIEMPO #3:
> # IR DE A A B,
> # A MENOS QUE SEAS LISTO

#4 No envíes ese correo electrónico

MARTIN BJERGEGAARD

Hubo un tiempo en que las cartas eran algo que escribías a mano o con la máquina de escribir, y dejabas encima de la mesa o metías en un buzón (uno físico) para que fueran enviadas por correo al día siguiente. Evidentemente, era un proceso lento, pero tenía la ventaja de que te daba la oportunidad de cambiar de idea. Me pregunto cuántas cartas se han roto en pedazos, a lo largo de los años, y no han llegado a su destino previsto, porque el autor recuperó la compostura lo bastante rápido como para encontrar una forma de expresión mejor.

En este sentido, el correo electrónico es letal: si te has dejado dominar por tus emociones, no hay nada más satisfactorio que liberarte de tu rabia en los seguros confines de tu programa de correo electrónico. Algo psicológico pasa cuando escribes una carta a alguien con quien estás enfadado o de quien desconfías. La mayoría lo hemos experimentado: una creciente percepción de nuestra propia certidumbre y superioridad moral. Una palpitante negatividad que crece según escribimos, y alcanza el clímax en nuestra seguridad de que ahora, finalmente —con esta carta bien escrita—, has dejado las cosas claras y que esto obligará al otro a reconocer lo injusto de su comportamiento. Un clic y, sin ninguna posibilidad de cambiar de idea, el mensaje le da al destinatario en toda la cara, como si fuera un puño apretado.

Lo que parecía efectivo en el calor del momento, de repente empieza a agravarse. Puede que nuestro receptor dispare una respuesta todavía más acalorada. O quizá sea más sabio y proponga que nos reunamos cara a cara para aclarar las cosas.

Sea como fuere, nuestro exaltado correo electrónico nos ha costado mucho en nuestra cuenta de eficacia; ahora tenemos que hablar de lo sucedido, es preciso reconstruir la confianza y hay que alcanzar nuevos acuerdos.

Lo que podríamos haber hecho en 10 minutos (si hubiéramos tenido la prudencia de coger el teléfono, hacer nuestras preguntas y escuchar sinceramente la respuesta), ahora se ha convertido en una tarea desagradable y agotadora que puede sumar fácilmente varias horas e, incluso, más mal karma.

El correo electrónico ha triunfado como medio de comunicación porque es muy eficaz para comunicar una amplia variedad de mensajes; la fecha de una cita, una nota, consideraciones antes de una reunión estratégica. Pero cuando se trata de emociones, está entre las peores herramientas de comunicación. Es muy fácil malinterpretar lo que está escrito. No se puede leer el tono de un correo y, con frecuencia, puede aumentar más que superar las distancias.

La persona que conozco que mejor evita esta trampa es mi socio y colega de Rainmaking, Morten Kristensen. Somos amigos desde que teníamos 15 años y socios desde hace casi una década. Durante ese tiempo, Morten se las ha arreglado para no enviarme NUNCA un correo electrónico emocional, una hazaña que no puedo afirmar haber igualado. Le pedí a Morten que anotara su receta milagrosa y aquí está:

A) Escribe ese correo y piensa atentamente en lo que crees que es justo o injusto; trata de ponerte en el lugar del destinatario. ¿Podría ser que su experiencia de los hechos fuera diferente de la tuya?

B) Cuando hayas escrito el correo, no lo envíes. En cambio, haz lo siguiente:

1) ¿Es posible que te reúnas con el destinatario, cara a cara, y habléis de ello? Si es así, hazlo.

2) Si no es posible, vuelve a leer tu correo y elimina cualquier parte cuyo propósito no sea avanzar, que sólo tenga la intención de provocar o hacer que tú te sientas mejor.

3) Haz que alguien lea el correo y lo comente sinceramente, y haz que esa persona se ponga en el lugar del destinatario.

C) Si, pese a tus esfuerzos por suavizar el tono de tu comunicación, a cambio recibes un correo electrónico furioso, entonces refrénate y no participes en la escalada del conflicto. Ahora es el momento de volver a calmar las cosas, y es responsabilidad tuya. Llama a esa persona por teléfono o reúnete con ella cara a cara.

Desconfía de los que malgastan tiempo y energía

Acostúmbrate a no escribir nunca correos electrónicos cuando estés furioso, decepcionado o receloso. Y nunca saques a relucir asuntos emocionales con el ordenador como intermediario. De lo contrario, un único correo se puede convertir fácilmente en medio día extra de trabajo.

> **PÉRDIDA DE TIEMPO #4:**
> **TRATAR DE SOLUCIONAR LOS CONFLICTOS POR CORREO ELECTRÓNICO**

#5 SÉ RESUELTO CUANDO IMPORTE

MARTIN BJERGEGAARD

Era la primera reunión anual con nuestro consejero financiero. Estaba impresionado por nuestros resultados y por el crecimiento logrado en Rainmaking. «Pero —dijo— la auténtica prueba de fuerza será si también podéis reducir la plantilla cuando sea necesario y tomar las decisiones realmente difíciles.»

Es típico que los emprendedores seamos buenos presentando ideas, expandiéndonos y desarrollándonos. No obstante, somos menos expertos y más lentos en actuar cuando se trata de despedir a miembros del equipo, rechazar nuevos clientes y oportunidades y poner fin a aventuras fracasadas.

Lo que le da longevidad a un emprendedor es su capacidad para tomar decisiones impopulares y difíciles, pero necesarias, y ponerlas en práctica de manera rápida y coherente.

Muchas veces, cuando tenemos suerte y nos toca el premio gordo con un proyecto, sentimos que podemos caminar sobre el agua. **Pero sin la capacidad para tomar decisiones difíciles y ponerlas en práctica sin vacilar, nuestro éxito llegará a su fin, antes o después.**

No decepcionamos a nuestro consejero financiero. En la siguiente reunión anual le dijimos que habíamos cerrado tres de nuestras propias empresas emergentes y dicho adiós a diez miembros de nuestro equipo desde la última vez que lo vimos, un año atrás. Hacerlo fue dificilísimo y no tomamos las decisiones a la ligera. Había requerido toda nuestra empatía y fuerza ejecutarlas de un modo en que todos pudieran seguir adelante de un modo positivo. En nuestro fuero interno, sabíamos que, aunque arduas, estas medidas eran acertadas.

A una empresa grande y bien engrasada le puede costar muchos años instaurar los cambios necesarios. Por ejemplo, fueron necesarios varios años en números rojos para que LEGO, el gigante danés de los juguetes, empezara a externalizar su producción, vendiera sus parques de atracciones y liquidara los sectores fracasados de su negocio. En una empresa que empieza es necesario tomar esas decisiones mucho más rápido.

Despedir a un CEO es una de las experiencias empresariales más desagradables que muchos podemos imaginar. Un despido puede causar heridas mentales que durarán años. Por añadidura, está el hecho de que cuando despides a un CEO es habitual pedirle que deje las oficinas el mismo día. Si sigue allí, su decepción y frustración absorberán la energía de todo el equipo, y una sensación de incertidumbre sobre el futuro de la compañía les impedirá a todos sentirse bien y hacer el trabajo. Es preciso contener la energía negativa y volver a instaurar la seguridad de inmediato.

Esta experiencia se convirtió en realidad para mí hace unos años. A una de nuestras empresas le iba muy bien y contratamos a un CEO de fuera de la firma para que la llevara al siguiente nivel. Era firme, agradable y tenía un historial impresionante. También era un poco mayor que nosotros y estábamos orgullosos de que quisiera trabajar con nosotros.

Lo que empezó como una gran promesa no tardó en irse al garete. Después de seis meses, me pareció que algo iba mal. Estaba muy ocupado con una nueva empresa emergente, pero me había ido manteniendo al día revisando regularmente los indicadores clave de rendimiento. La tasa de crecimiento era muy fuerte, pero al mirar los números con más atención, resultaba que estábamos perdiendo un 10 por ciento de nuestros clientes cada mes. Sólo seguíamos creciendo gracias a una enorme entrada de nuevos clientes.

En este sector específico, una rotación de clientes tan grande es totalmente inaceptable. Cuando ahondé más en las causas, resultó que los clientes se marchaban debido a un alto porcentaje de retraso en las entregas. De inmediato, lo dejé todo y empecé a trabajar con el CEO en un plan de acción. Después de dos semanas, estaba claro que su perfil no era el adecuado para el trabajo. Sencillamente, no era la persona adecuada.

Para mí, fue algo muy difícil de aceptar, ya que contratarlo había sido sobre todo decisión mía. Había juzgado mal la situación. Estaba claro lo que había que hacer y no había tiempo que perder. Catorce días después, convoqué al CEO a una reunión. Justo una hora más tarde, después de darle la noticia de que teníamos que desprendernos de él, presenté a un nuevo CEO al resto del equipo.

Desconfía de los que malgastan tiempo y energía

Cuando estás en una situación en la cual alguien no está a la altura de la tarea, lo más frecuente es que esa persona no sólo sea consciente de ello, sino que además tampoco disfrute de la situación. Lo mejor para ambas partes suele ser seguir caminos separados. Incluso si han acabado sintiéndose cómodos en su puesto, es probable que se sientan más realizados en algún otro sitio donde encajen mejor.

Hemos experimentado nuestra parte de fracasos en Rainmaking. Estrategias equivocadas, personas equivocadas y demasiados nuevos proyectos en un periodo de tiempo demasiado corto. La razón principal de que nos mantengamos fuertes es que lo hemos hecho bien cuando había que tomar decisiones difíciles, aquí y ahora.

PÉRDIDA DE TIEMPO #5: RETRASAR LAS DECISIONES DIFÍCILES

#6 SIMPLIFICA TU VIDA

MARTIN BJERGEGAARD

Si alguna vez te has tomado una Budweiser fría en un caluroso día de verano, entonces le debes algo a una ciudad llamada Lovaina. Es la capital de la provincia de Brabante Flamenco, en Bélgica. Es donde nació Anheuser-Busch InBev, la cervecera más grande de la tierra. También es la ciudad natal de Sophie Vandebroek. Criada en Bélgica, Sophie obtuvo un título de máster en ingeniería electromecánica en la Universidad Católica y, más tarde, un doctorado en ingeniería eléctrica en la Universidad de Cornell, perteneciente a la Ivy League, el exclusivo grupo de ocho universidades del noreste de Estados Unidos, conocidas por su excelencia académica.

Sophie se autoproclama «intraemprenedora», queriendo decir que es una emprendedora dentro de una gran corporación, XEROX.

Al igual que la mayoría de emprendedores disfruta del reto de presentar nuevos y apasionantes productos, pero, a diferencia de la mayoría, también tiene la responsabilidad de dirigir un numeroso equipo y trabajar dentro de la infraestructura, a veces burocrática, de una corporación importante.

«Siempre se nos ocurren ideas que esperamos tengan un gran efecto en nuestros clientes. No obstante, muchas de ellas trastornarán, asimismo, el statu quo dentro de la compañía y dentro de nuestras actuales tecnologías y líneas de producto. Para ser un "intraemprendedor" es preciso tener confianza, porque habrá muchas barreras para impedir que el "barco" avance en la dirección que tú quieres. Tienes que asegurarte de que todos los miembros de tu equipo, la dirección, así como toda la cadena de valor para llevar la idea al mercado, están convencidos de tus conceptos. Y, en mi experiencia, para ser capaz de influir de verdad en otros tienes que sentirte bien tú misma. No puedes sentirte así a menos que hayas conseguido tu equilibrio», dice Sophie.

Ella tenía ese equilibrio, lo perdió con la muerte de su marido y lo ha vuelto a recuperar después.

Cuando, de repente, se vio convertida en madre soltera, con tres hijos pequeños, muchas personas le dijeron que la única manera de sobrellevarlo era dejar su carrera. Sin embargo, ella sabía que la mejor oportunidad de felicidad duradera para ella y su familia sólo se presentaría si conservaba el trabajo que tanto la apasionaba. Así que lo que hizo para recuperar su equilibrio fue empezar a crear una serie de estrategias. Una de ellas fue racionalizar su vida, tanto personal como profesional.

«Lo que comprendí fue que hay muchas cosas por las que nos preocupamos o que hacemos que no tienen absolutamente ninguna importancia. No van a hacerte feliz ni a ayudarte a conseguir el equilibrio. Tampoco van a ayudarte a definir tu actuación en el trabajo ni si tu empresa o tu proyecto van a tener éxito. Así que miré y me dije: "¿Qué puedo dejar de hacer?"», nos cuenta Sophie.

Contrató a una estudiante una vez a la semana para que le hiciera la compra. El gasto extra, dice, fue fácilmente compensado por que hacía menos compras por impulso. Vendió el barco de su marido para no tener que ocuparse de él. Buscó un nuevo formato para las vacaciones, que resultó ser no sólo menos estresante de planear, sino también más divertido para los niños, en concreto ir de acampada. Sophie decidió también no organizar más actividades sociales, lo cual le dejó libre mucho tiempo por la noche y los fines de semana, y no perjudicó realmente a nadie ya que otros empezaron a organizar ese tipo de actividades cuando ella dejó de hacerlo. A continuación hizo algo que muchos considerarían impensable: racionalizar sus relaciones para centrarse plenamente en un puñado de amigos íntimos, priorizando la calidad de esas importantes relaciones por encima de la mera cantidad.

En su vida laboral, aplicó un enfoque parecido. Redujo el papeleo, como escribir informes y boletines que, con frecuencia, nadie leía. Con la ayuda del método de mejora de procesos «seis Sigma», simplificó muchos de sus trámites internos e hizo un esfuerzo motivado para aumentar el empoderamiento en todos los rincones de su organización. Inspirándote en Sophie Vandenbroek, **echa una ojeada a tu propia vida, a todas las actividades y tareas que forman tu día. ¿Todas contribuyen al progreso de tu negocio y os hacen felices a ti y a los que quieres?** Si no es así, ¿qué puedes eliminar?

Personalmente, cuando hice el ejercicio hace un par de años, descubrí unas cuantas bolsas de tiempo desperdiciado que podía eliminar; ya no gasto ningún tiempo yendo en coche al trabajo, limpiando o cuidando el jardín, leyendo la prensa, ni siquiera planchando camisas o vistiendo ropa elegante. ¿Por qué no? Porque descubrí que esas actividades añaden poco, o nada, a mi felicidad o a mi rendimiento. Y me parece que es muy improbable que un día lamente no haber dedicado más tiempo a pasar el aspirador.

Por supuesto, fueron necesarias un par de decisiones conscientes para dejar de hacer lo que no quería hacer. Vivo a 3,6 kilómetros del despacho, así que sólo tardo 10 minutos en ir hasta allí en bicicleta cada día. He elegido vivir en un piso, así que no hay ningún trabajo de jardinería y la casa requiere muy poco mantenimiento. Y me visto más como los emprendedores de Silicon Valley que como los agentes de inversiones de Londres. Todos tenemos nuestras propias prioridades, pero con frecuencia no vivimos de acuerdo con ellas. Hacerlo nos ofrece una gran oportunidad para mejorar tanto nuestra felicidad como nuestro rendimiento, al mismo tiempo que simplificamos nuestra vida.

> PÉRDIDA DE TIEMPO #6:
> ABARROTAR TU VIDA CON ACTIVIDADES
> QUE NO AÑADEN NINGÚN VALOR

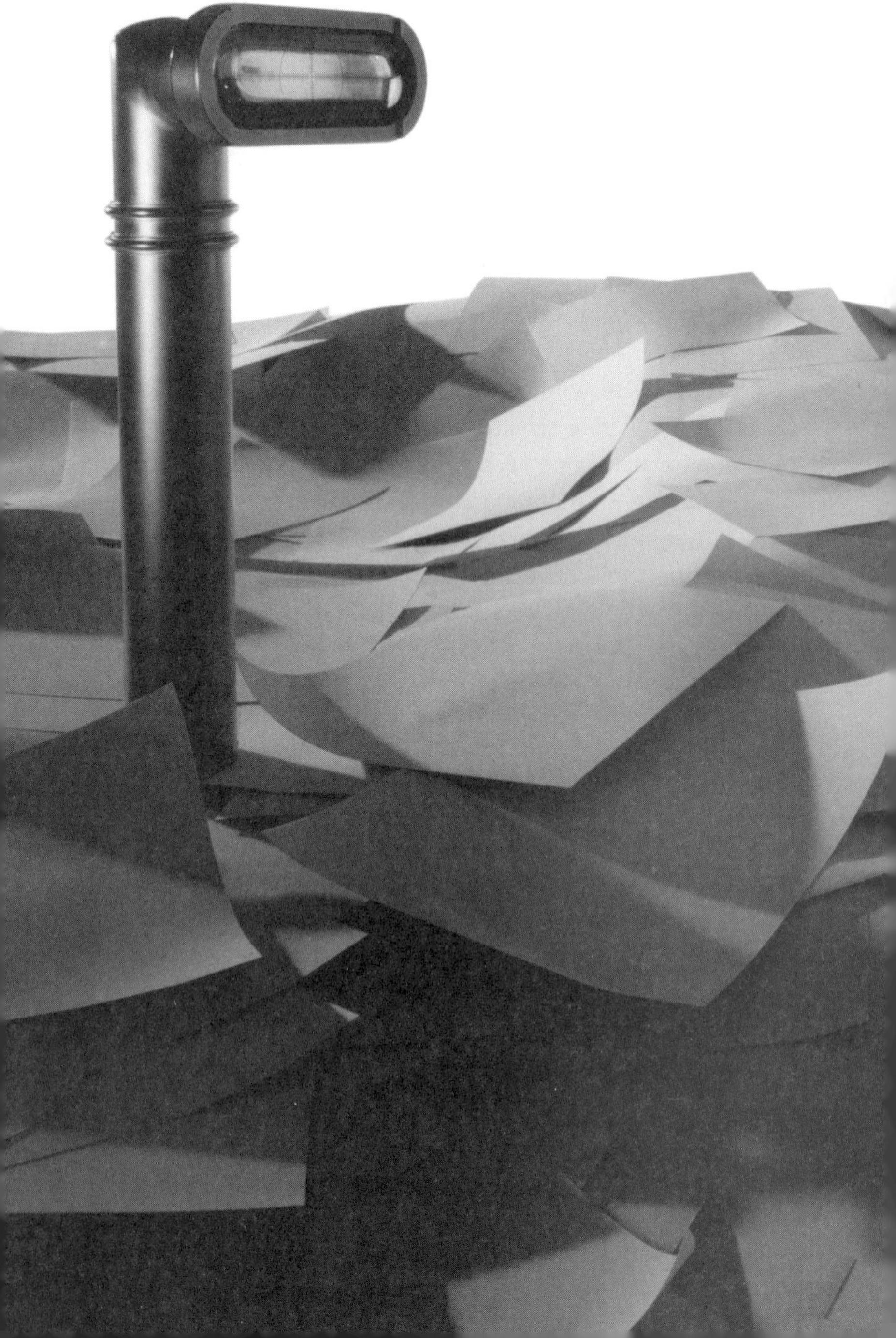

#7 USA EL PERISCOPIO

JORDAN MILNE

Tu profesión es tu vida. Es lo único en lo que puedes pensar. Te despiertas con esa idea en la cabeza y das vueltas y más vueltas en la cama por la noche sin poder dejar de pensar en ella. Estás empezando a tener una visión de túnel.

Aunque la concentración es importante, hay una diferencia entre poner energía en la tarea que tienes entre manos y acabar tan atrapado que te olvides de mirar el panorama general.

Caterina Fake, cofundadora de Flick'r, explica: «Puedes acabar demasiado involucrada en tu empresa y perder oportunidades, tanto fuera del trabajo como para tu negocio. Al mantener la cabeza enterrada en el "trabajo", no sólo te pierdes grandes momentos cuando suceden, sino que, además, estás perjudicando tus posibilidades de tener éxito».

Estar inmerso en el trabajo es como estar en un submarino sumergido. Igual que un submarino usa un periscopio para calibrar las condiciones fuera de su entorno inmediato y confirmar los objetivos y las amenazas, lo mismo puede hacer el director de una empresa. Abre los ojos y usa tu periscopio con más frecuencia.

Cuando estés muy metido en harina, recuerda que echar una mirada alrededor forma parte de enfocar. Podría parecer que estás perdiendo de vista la pelota, pero en realidad es lo contrario. Dar un paso atrás te permite ver todo el panorama.

«Los negocios son un juego dinámico. Los que se adaptan prevalecen. Para adaptarse es necesario ver lo que se avecina y reaccionar. Para poder ver lo que se avecina, es preciso levantar la cabeza, de vez en cuando, respirar hondo y ver qué pasa en el exterior de tu frenética burbuja», dice Caterina.

La visión de túnel se puede manifestar de muchas maneras. Las compañías tecnológicas suelen ser culpables de centrarse en los rasgos de los productos, a expensas de comprender a sus clientes. Los equipos ejecutan su estrategia sólo para encontrarse con que el mercado ha cambiado.

¿Cómo se explica que al volver de unas buenas vacaciones podamos centrarnos en los asuntos acertados y ser más eficaces? Después de un tiempo de descanso, con frecuencia tenemos una perspectiva fresca y volvemos al trabajo con una visión más clara de lo que es importante. ¿Alguna vez has probado a volver de vacaciones y, sin vacilar, eliminar un puñado de tareas de tu lista de «cosas que hacer», o tropezarte con esa nueva idea rompedora que podría llevar a tu recién creada empresa al siguiente nivel? ¿Por qué esto sólo puede suceder dos veces al año: después de las fiestas y de las vacaciones de verano? ¿Por qué no puede pasar cada mes o cada semana, o incluso cada día?

Prueba a cambiar tu entorno físico o ponte en marcha. Haz una escapada de fin de semana o vete a algún sitio donde nunca hayas estado, y te encontrarás con que rindes al máximo el lunes por la mañana. Son maneras de «subir el periscopio» y echar una ojeada fuera de tu burbuja, ya sea durante cinco minutos o durante cinco meses.

> PÉRDIDA DE TIEMPO #7:
> PERDERSE EN LOS DETALLES Y
> PASAR POR ALTO EL PANORAMA COMPLETO

#8 HUYE DE LOS DEPREDADORES

MARTIN BJERGEGAARD

En los negocios como en la naturaleza, los depredadores son algo inevitable. Hay personas que quieren aprovecharse de nosotros y engañarnos. Pueden ser carismáticos, astutos y difíciles de detectar: ese capitalista de riesgo, en apariencia servicial, que entre bastidores manipula a un emprendedor con problemas de dinero para poder insistir en una participación mayoritaria, el socio que maquilla los números para pagarnos menos de lo que es nuestro derecho.

Por suerte, conforme pasan los días, los depredadores son cada vez menos numerosos y menos frecuentes, incapaces de sobrevivir en un mundo transparente. A pesar de ello, son una realidad y tenemos que vérnoslas con ellos aunque parezca un desperdicio de nuestra valiosa energía.

La actitud más eficaz es entrar en cada nueva relación con confianza y una mente abierta. Nueve de cada diez personas corresponderán a esta clase de conducta, y eso es mucho más valioso que lo que pasa esa décima vez, cuando tropezamos con un estafador. En la naturaleza, encontrarnos con un depredador puede ser fatal. En los negocios, no perderemos la vida, pero igual puede acabar en tragedia. No obstante, si estamos atentos, podemos evitar a los depredadores, apartarnos de su peligro y centrarnos en todas nuestras relaciones positivas.

Para lograr más en la vida y para que nuestras empresas tengan éxito, es importante no cometer nunca dos veces el mismo error. Aprende la lección cuando descubras a un depredador. Aléjate rápidamente y no regreses nunca. No desperdicies más tiempo ni energía. Vuelve a tu modo confiado y encuentra nuevos compañeros que alienten y recompensen tu actitud positiva. No tienes que cooperar con todo el mundo; es absolutamente correcto que elijas a los que te dan energía y felicidad y te apartes de los que buscan agotarte o utilizarte, tanto si lo hacen de forma consciente como si no.

Lidiar con «cretinos» es una enorme pérdida de tiempo. No lo soportes. Igual de importante: no dejes que te conviertan en uno de ellos.

> **PÉRDIDA DE TIEMPO #8:**
> **TRATAR CON UN CRETINO O SERLO**

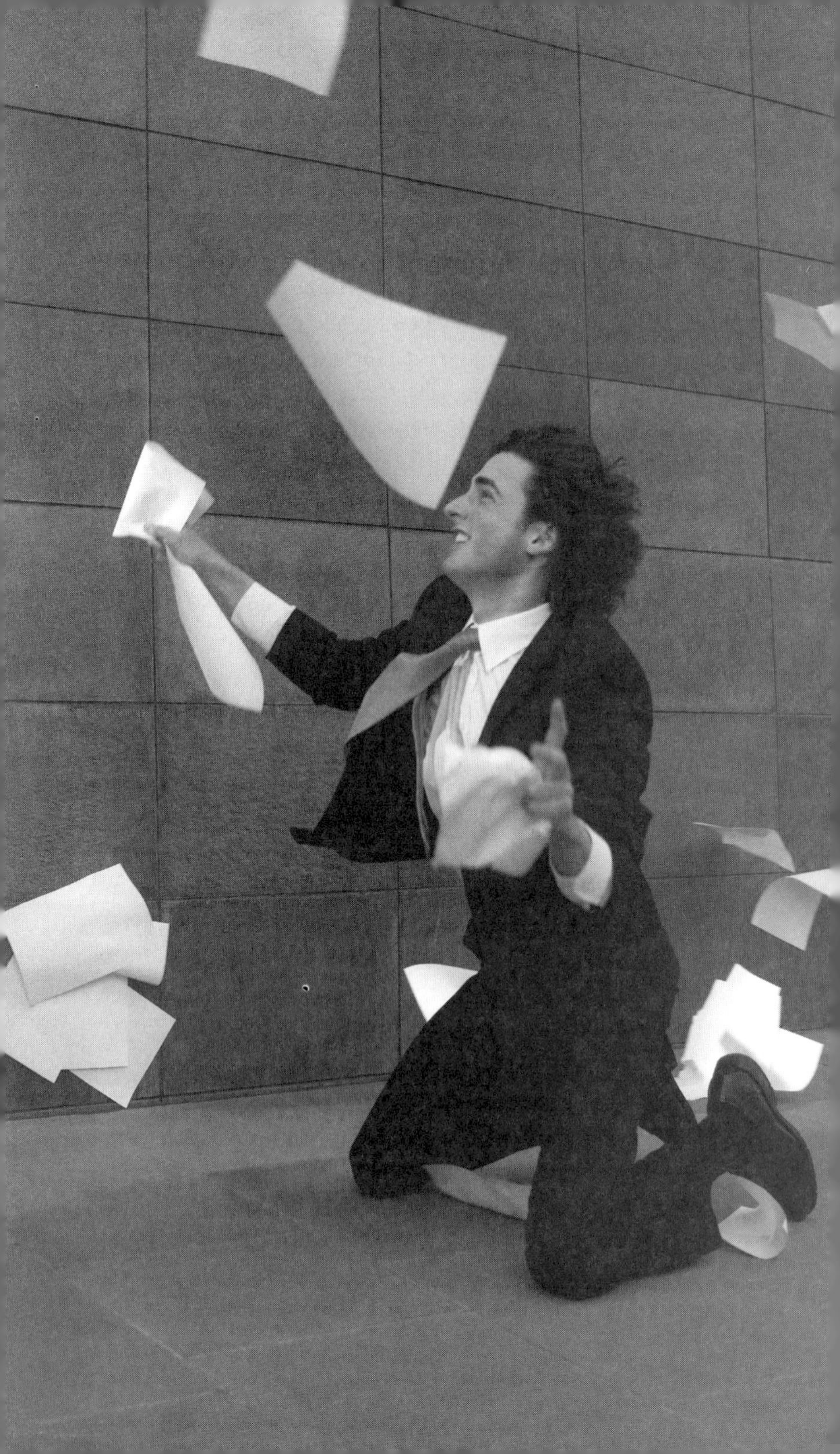

#9 AFLOJA EL CONTROL

JORDAN MILNE

Estamos haciendo algo que nos encanta. Puede que estemos jugando con nuestros hijos o comiendo fuera con los amigos. Parece que todos estamos centrados en lo que tenemos delante, disfrutando de la compañía mutua, charlando y riendo..., pero nos cuesta permanecer en el momento. Nuestros pensamientos vuelven constantemente a lo que está pasando en nuestra empresa. ¿Lo estarán haciendo todo? ¿Estaremos trabajando en las cosas acertadas? ¿Deberíamos estar trabajando ahora? Es terrible, pero no podemos evitarlo. Nuestra familia y nuestros amigos parecen darse cuenta de que no estamos «del todo allí» y nosotros somos dolorosamente conscientes de que nos estamos perdiendo un momento valioso. Sin embargo, parece que no podamos hacer otra cosa. **No tiene sentido estar fuera del trabajo si nuestra mente nunca deja la oficina.** Además, estar allí sentados, inquietándonos, no va a solucionar nada.

> «*Preocuparse es como una mecedora, te da algo que hacer, pero no te lleva a ningún sitio*».
> GLEN TURNER

Vivir así te llevará a lamentarlo y es, en esencia, el peor de ambos mundos. Está muy lejos del objetivo de disfrutar del tiempo fuera del trabajo Y construir una gran empresa. Mitch Thrower, emprendedor en serie y triatleta de Ironman, nos cuenta una de las disciplinas más importantes que le ayudan a vivir en el momento y a seguir libre de estrés fuera del trabajo:

«Rodéate de personas en las que confíes, a las que puedas dejar que se equivoquen y a las que puedas ceder el control. Los emprendedores son, por definición, fanáticos del control. Es una de las cosas que nos mete en líos desde la perspectiva del equilibrio entre trabajo y vida. El truco es asegurarnos de que las cosas se hacen bien, no necesariamente de la manera exacta en que nosotros las habíamos previsto. Es preciso que distingamos claramente entre que algo se haga y que algo se haga *a nuestra manera*».

Al confiar en que aquellos con los que trabajamos harán el trabajo, liberamos un amplio espacio en nuestra mente. Por añadidura, al compartir el control, quizá nos sorprendamos agradablemente por el rumbo inesperado que, como resultado, toma nuestra empresa.

**PÉRDIDA DE TIEMPO #9:
NECESITAR INVOLUCRARNOS EN TODO
LO QUE PASA EN NUESTRA COMPAÑÍA**

#10 HAZ QUE TU PLAN DE NEGOCIOS SEA LIGERO Y ÁGIL

MARTIN BJERGEGAARD

En las universidades y escuelas de negocios de todo el mundo se enseña a los alumnos a elaborar planes de negocio. Estos planes son un medio específico y analítico de conectar con una nueva idea de negocio. ¿Cómo de grande es el mercado? ¿Quién es la competencia? ¿Cómo evolucionará el volumen de negocio de año en año? Presupuestos a cinco años y previsiones detalladas. Aunque quizás esto tenga un cierto mérito como ejercicio académico, ha llegado a ser una focalización excesiva para muchos emprendedores. La realidad es que todo son conjeturas. Un caso de imaginación académica.

En su éxito de ventas *Reinicia: borra lo aprendido y piensa la empresa de otra forma*, Jason Fried, de 37 Signals, lo expresa de forma sucinta: «Los cálculos que se extienden semanas, meses y años en el futuro son fantasías». No podríamos estar más de acuerdo. Y no somos los únicos.

Peer Kølendorf es un emprendedor en serie danés con cinco ventas a sus espaldas, la mayor de las cuales le aportó 30 millones de dólares. Es, también, profesor adjunto de INSEAD. Siempre empieza sus clases recordando a los alumnos que sea lo que sea lo que incluyan en su plan de negocio no es probable que se sostenga.

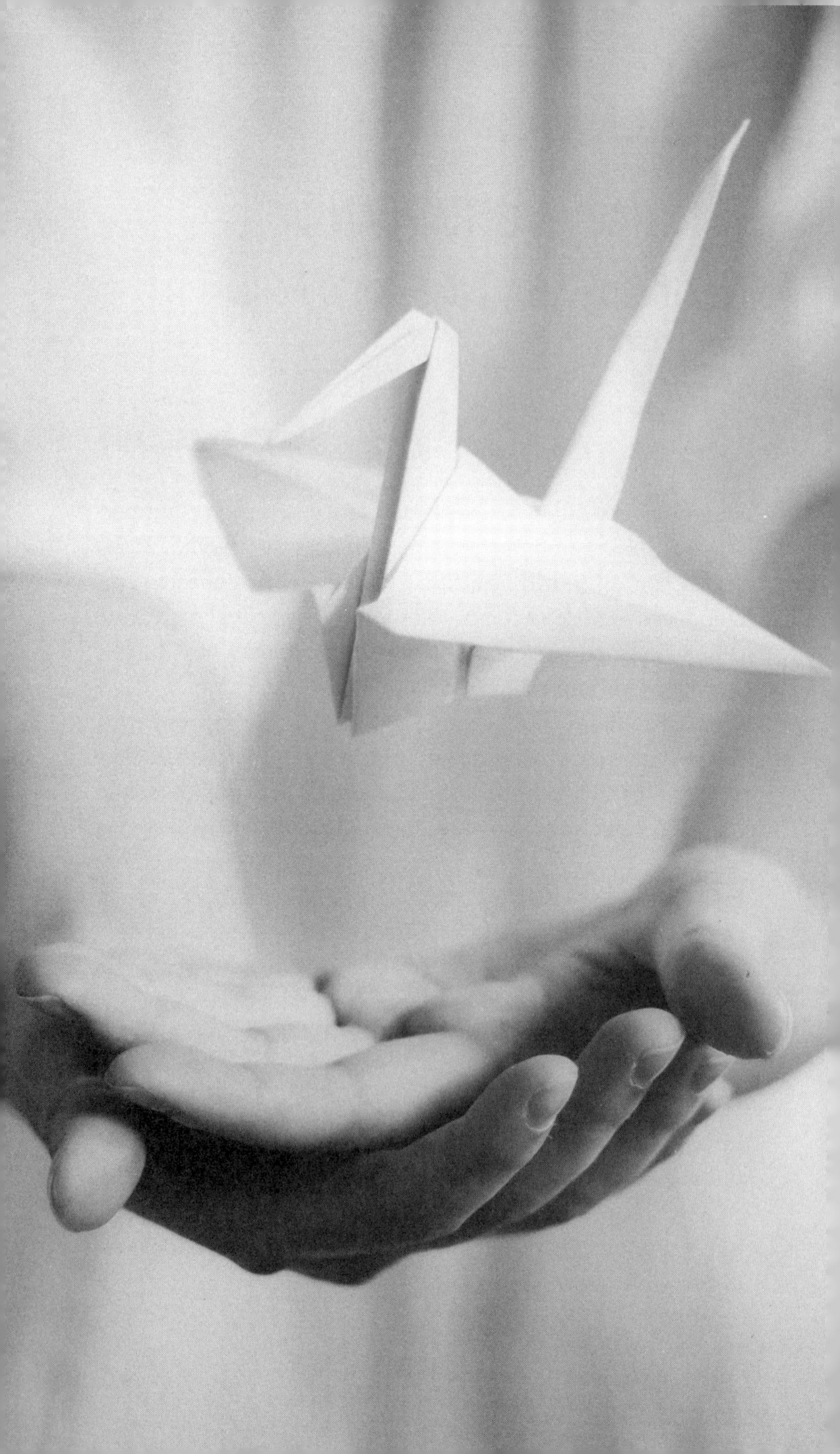

Desconfía de los que malgastan tiempo y energía

«Entonces todos parecen perplejos y empiezan a buscar errores en sus hojas de cálculo», dice Peer alegremente.

No es culpa de los estudiantes. **Es sencillamente arrogante creer que podemos predecir qué resultados tendrá una empresa emergente dentro de cinco años.** Dedicar mucho de nuestro precioso tiempo a formular conjeturas es una pérdida de tiempo.

Se desperdician millones de horas cada año cuando personas brillantes se afanan con PowerPoints y planes de negocio que nunca fructificarán. La mayoría de empresas son iterativas y cambian con el transcurso del tiempo. El momento en que la mayoría está elaborando su plan es cuando menos preparados están para hacerlo. Pensar que lo sabemos y lo podemos controlar todo es también, para empezar, un modo de pensar peligroso cuando lanzamos una empresa. Reconozcamos que tenemos mucho que aprender y dejemos que lo que haga el cliente nos guíe.

Si necesitamos convencer a posibles inversores o al banco, es probable que tengamos que hacer de tripas corazón y escribir una fábula sobre nuestra empresa emergente (hablaremos de esto más adelante). Por fortuna, los inversores están empezando a recobrar la cordura; muchos ya no tienen ganas de tragarse 50 páginas de presentaciones de PowerPoint e interminables previsiones ficticias. También ellos han comenzado a experimentar con nuevos medios de evaluar las empresas emergentes, por ejemplo, siguiendo sus progresos durante un tiempo antes de invertir o, incluso, asistiendo a reuniones de clientes.

En el sistema de las escuelas, se suele favorecer y defender la elaboración de planes de negocio, porque son algo concreto que un profesor puede evaluar fácilmente. Luego se perpetúan en otros lugares, ya que, con frecuencia, seguimos el ejemplo de las instituciones educativas.

Es alarmante pensar que se pueden pasar de cuatro a seis años en una escuela, estudiando administración de empresas y no acabar con algunos de los conocimientos más corrientes e importantes necesarios para hacer despegar nuestro negocio. Es verdad que se pueden aprender técnicas valiosas como la visita de ventas en frío, diseñar maquetas, hacer vídeos virales y crear páginas de Facebook, pero ¿por qué no emplear el tiempo para aprender algo que marque una auténtica diferencia?

Programas aceleradores como Techstars, Y Combinator y Startupbootcamp han alcanzado un gran éxito. Ciertamente, no piden ver (menos aún leer) los planes como parte de su trámite de solicitudes. Lo que haces es rellenar un formulario que tiene menos de 20 preguntas. Si salvas ese primer obstáculo, el siguiente paso es una conversación de diez minutos por teléfono, seguida de otra más larga, también por teléfono, y finalmente, si todavía estás entre los seleccionados, una reunión en persona.

Si estás leyendo este libro, lo más probable es que hayas oído hablar de una empresa llamada Groupon, la compañía de más rápido crecimiento de todos los tiempos. Seguro que un éxito así debió de planearse desde el primer día, ¿no? Pues no. En realidad, Groupon empezó como un proyecto secundario de una empresa colectiva llamada The Point, y resulta

Desconfía de los que malgastan tiempo y energía

que despegó. Los negocios son un proceso iterativo. La vasta mayoría de empresas emergentes cambian de rumbo constantemente, dependiendo de la reacción del mercado, hasta que encuentran algo que permanece.

En lugar de malgastar el tiempo en un plan de negocios, es mejor escribir una sencilla página bosquejando la visión, los valores, unas cuantas cifras clave y las tres medidas inmediatas más importantes de la empresa que proponemos, y luego poner manos a la obra en un trabajo real. Llama a los clientes, construye el producto, consigue que la prensa se interese o ajusta tu campaña en Adwords. Y cuando hayas acabado, puedes irte a casa sin sentirte mal por no tener un plan de negocios completo a cinco años.

> ## PÉRDIDA DE TIEMPO #10:
> ## ELABORAR LARGOS PLANES DE NEGOCIO

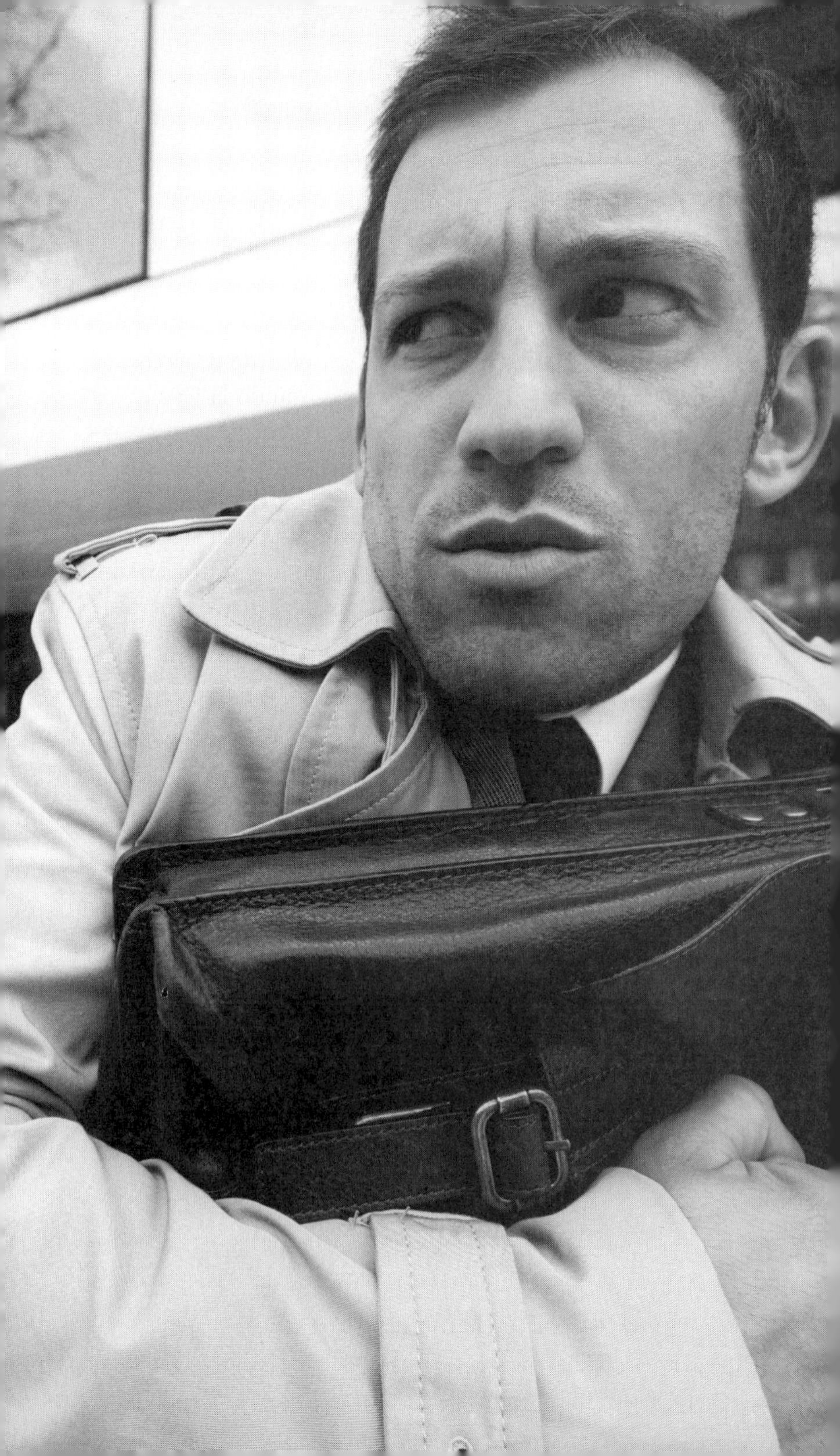

11 DEJA DE ESCONDERTE

MARTIN BJERGEGAARD

Tenía unos modales agradables e irradiaba buena energía. La sala estaba llena, había entre 50 y 60 emprendedores y creadores de *software*, y él tenía tres minutos y tres diapositivas para presentar su idea, generar interés y tratar de conseguir que se subieran a bordo algunos cofundadores.

Empezó: «Tengo una gran idea para hacer un portal de submarinismo. Soy maestro y nunca he participado en la creación de ninguna empresa. Necesito cofundadores, en particular un buen programador». Luego proyectó algunas imágenes de submarinismo y de equipos de submarinismo. Ésa fue toda la presentación.

Un programador sentado en la primera fila, con un portátil encima de las rodillas, levantó la mano para hacer una pregunta: «¿Nos puede contar algo más de su idea?» La respuesta del candidato a emprendedor fue cortés, pero firme. «En este momento preferiría no hacerlo».

Continuó de la manera más cordial posible: «Temo decir demasiado, porque es una idea realmente buena y alguien podría apropiársela». Luego el diálogo tocó a su fin, el público aplaudió tímidamente y el maestro volvió a sentarse en su silla.

Es una historia real y, por desgracia, he conocido de primera mano muchas otras parecidas.

En Rainmaking la gente suele preguntarnos: «¿Cómo lo hacéis para mantener vuestras ideas en secreto?» Ahora tengo una respuesta, pero las primeras veces me pillaban desprevenido porque, sencillamente, no entendía su lógica en absoluto. Pensamos mucho en la mejor manera de difundir la información sobre nuestras ideas. ¿Por qué demonios íbamos a mantenerlas en secreto? ¿Conoces a alguien que haya triunfado con una idea secreta?

Nuestra primera visión del mundo la tenemos a través de los ojos. Es natural. No obstante, si no evolucionamos más allá, con frecuencia nos veremos erróneamente como el centro del universo. Sí, somos nuestro propio centro, pero otros tienen su propia vida, sus agendas y sus sueños. Creer que los que nos rodean están ahí, sin más, esperando para robarnos nuestra idea bordea los delirios de grandeza.

Los fundadores de Skype pasaron la gorra muchas veces y con mucha insistencia antes de encontrar a alguien dispuesto a invertir en su proyecto. Hoy pensamos que su idea era genial y que podríamos habérsela robado si nos hubiéramos enterado a tiempo, pero lo más probable es que, allá por el 2003, escucháramos educadamente a Janus Friis y Niklas Zennström y luego siguiéramos con lo que estábamos haciendo. Nos habríamos dedicado a crear aquello que a nosotros mismos nos apasionara.

La naturaleza de la motivación y la mentalidad humana no funciona de un modo tan simple como para que cambiemos, sin ningún esfuerzo, nuestro propios proyectos e ideas por los de otros.

En cualquier caso, es muy improbable que, después de oír la presentación de Janus y Niklas, fuéramos capaces de crear Skype, aun si hubiéramos querido. Se dice que tener una idea representa entre el 1 y el 5 por ciento de los componentes necesarios para una empresa de éxito. El 95 o 99 por ciento restante pertenece a la ejecución. Para poner algo en práctica con éxito es preciso coordinar muchos elementos que no se pueden adquirir rápidamente, entre ellos las competencias y los contactos adecuados.

Es mucho lo que se puede ganar contándole a la gente nuestras ideas. Recogemos una información y unas reacciones valiosas, que nos ayudan a desarrollar más nuestra idea. Incluso se pueden construir grandes contactos con posibles clientes, expertos e inversores. Cuando más hablemos de nuestra idea, mejor se vuelve, más pueden ayudarnos los otros y más nos entregamos nosotros a nuestro proyecto. **Una idea que sólo existe en nuestra cabeza se marchitará rápidamente por falta de alimento.**

Las relaciones son uno de los bienes más importantes para un emprendedor y se crean mostrando confianza e interactuando con otras personas. Si nos negamos a hablarle a otros de nuestras ideas, sin querer enviamos el mensaje de que no tenemos mucha fe en su moralidad ni en su capacidad para que se les ocurran sus propias ideas.

No malgastes un tiempo valioso ocultándote de un modo furtivo. Adopta un planteamiento drástico escribiendo una entrada en un blog sobre tu mejor idea actual. Háblales de ella a todos los que conozcas. Ten confianza y a ver qué pasa.

> **PÉRDIDA DE TIEMPO #11:**
> **PERDER OPORTUNIDADES DE ENTUSIASMAR A OTROS CON TU PROYECTO**

#12 APRENDE A RECAUDAR DINERO

MARTIN BJERGEGAARD

Has decidido que tu empresa emergente necesita capital externo para desarrollarse lo más rápida y eficazmente posible. Es probable que sea una decisión encomiable, pero también el primer paso por un camino que puede llevar a una ineficacia espantosa.

¿Cuántas veces has tratado de completar una ronda de inversiones? ¿Una, dos o quizás incluso tres veces? Para la mayoría de emprendedores recaudar capital es un acontecimiento poco común.

Por fortuna, una vez que hemos conseguido el dinero, solemos pasar algo de tiempo concentrados en dirigir y desarrollar la empresa, antes de necesitar hacer un nuevo intento.

Pero también significa que poquísimos emprendedores se sienten cómodos de verdad con la tarea. Sobre todo, porque el ambiente inversor cambia más rápido que la moda de París.

Un año, los inversores quieren ver planes de crecimiento agresivos, al siguiente, sólo previsiones de ganancias sólidas. Algunos inversores se centran sobre todo en el equipo, otros en la visión. Los inversores europeos consideran las oportunidades mucho tiempo, los estadounidenses toman decisio-

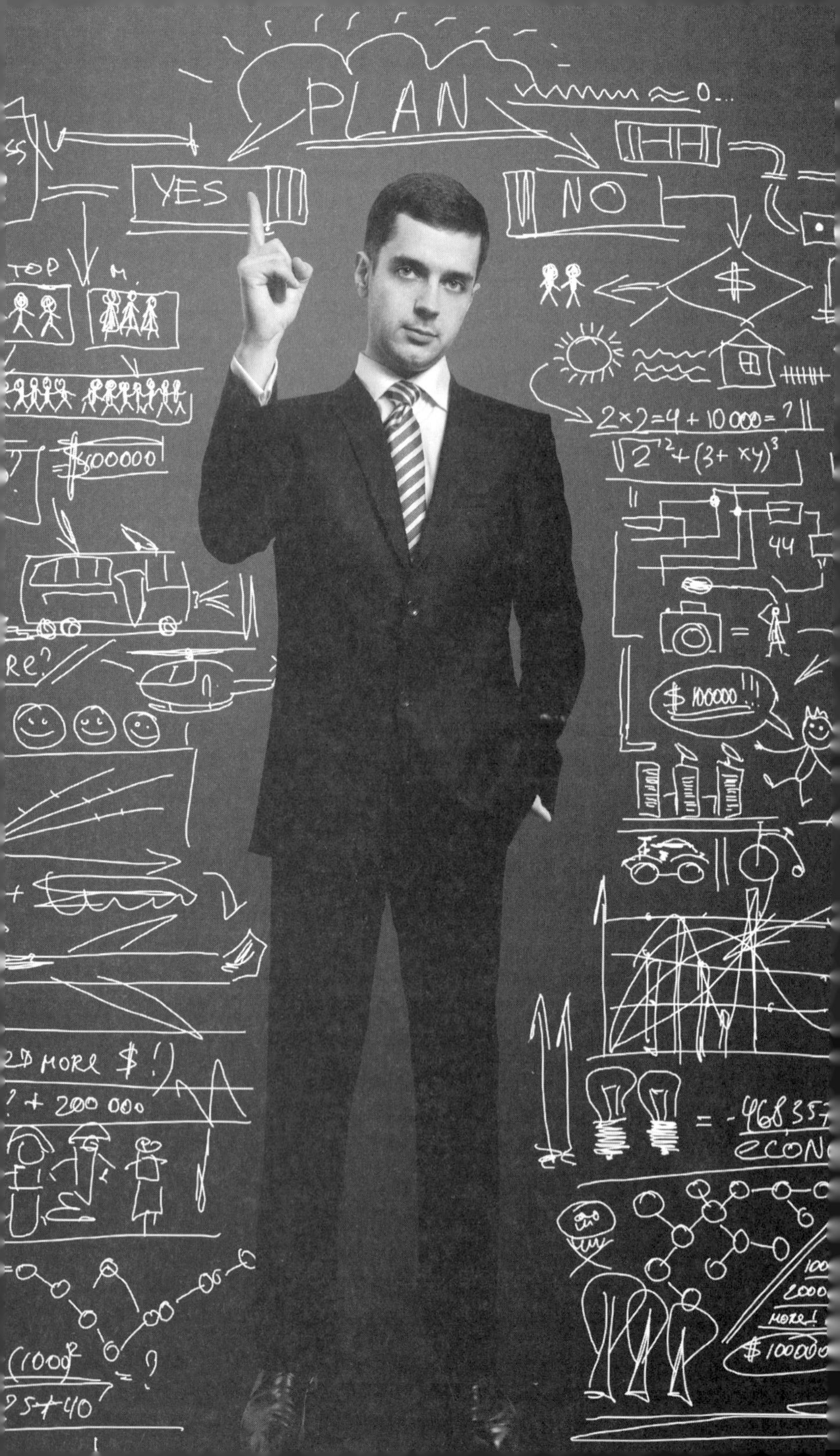
PLAN
YES
NO
$
$100000
2×2=4 + 10 000 = ?
$100000!!!
MORE $!
+ 200 000
MORE!

Desconfía de los que malgastan tiempo y energía

nes rápidas y los japoneses quieren derrotarnos bebiendo. Es la jungla y, como emprendedor, con más frecuencia eres la presa intimidada que el rey león.

El resultado es que bien puede ser que vayas a la deriva. Tienes que mantener la empresa en marcha con una mano, mientras recaudas dinero con la otra. Tienes montones de reuniones, pero ninguna de ellas rinde resultados o te cuesta muchísimo conseguir que algún inversor acepte hablar contigo.

Gradualmente, el proceso de convierte en algo que está lejos del pozo de abundancia que habías esperado, y mientras la cuenta del banco no recibe los refuerzos que necesita, también tú pierdes impulso en tu negocio: una combinación letal.

En Rainmaking, hemos recaudado diez millones de dólares en cinco años, distribuidos en diez de nuestras empresas emergentes (el resto lo hemos financiado internamente), y hemos pasado por procesos magníficos y tediosos. Por el camino, hemos optimizado nuestro planteamiento y hemos llegado a siete ideas:

1. Da por sentado que tardarás **seis meses** desde que pones en marcha el proceso hasta que el dinero está en la cuenta. Si las cosas van más rápido (y raramente lo hacen), entonces son buenas noticias, en lugar de la bancarrota.

    Recauda dinero para por lo menos 12 meses, mejor 18, para que tú y tu organización disfrutéis de un periodo de trabajo sin tropiezos antes de tener que pensar de nuevo en recaudar fondos.

2. **Uno de los fundadores** (el mejor vendedor) debe dedicarse a jornada completa, durante todo el proceso, a recaudar capital. Ésta no debería ser una tarea residual, ni tampoco puede ser delegada. Durante la recaudación de fondos es preciso mostrar una tracción continuada, así que divide la carga de trabajo y «protege» al resto del equipo, impidiendo que lo distraigan los inversores y todas sus preguntas.

3. **Prepara el material más avanzado** antes de la primera reunión. La mayoría de inversores siguen queriendo que los impresiones con documentos, así que si no los deslumbras siempre irás un paso por detrás y no te tomarán en serio. Es la triste verdad.

4. **Entiende las finanzas** de tu proyecto. Las operaciones económicas suelen ser muy sencillas en una empresa emergente, pero es crucial que entiendas qué impulsa tus ingresos y tus costes variables, y cómo esas cifras evolucionan conforme creces. Toma a tus competidores o a empresas emergentes comparables que hayan llegado un poco más lejos que tú como punto de referencia, para demostrar que tus cifras son realistas y no que te las has sacado de la manga.

5. **Abarca mucho:** sal al estrado y habla a una sala llena de inversores; usa foros *online* como Angellist; haz campaña igual que cuando buscas clientes o socios. Los inversores son igual de imprevisibles que el resto de las personas, así que no intentes adivinar a quién le va a gustar tu proyecto. Dales a todos una oportunidad para enamorarse.

Desconfía de los que malgastan tiempo y energía

6. **Pero... desconfía de las distracciones.** Hay supuestos inversores por ahí que sólo quieren una cena gratis y oír hablar de proyectos apasionantes. Acostúmbrate a preguntar muy pronto: «¿Cuál fue la última inversión que hizo?» Si han pasado más de dos años y fue por una cantidad menor de la que esperas, retírate educadamente. Eres un emprendedor a la caza de capital; no actúes como si fueras una diversión gratuita.

7. Sé proactivo, **impulsa el proceso sin interrupción.** Eres tú quien necesita dinero y no puedes esperar que los inversores hagan el trabajo por ti. Eres tú quien debe llamarlos con frecuencia, contarles los progresos hechos desde la última vez que hablasteis, y llevar el diálogo un paso más cerca de la firma.

Recaudar capital siempre será una perturbación en tus esfuerzos por alcanzar la eficiencia óptima. Es una tarea laboriosa y en muchos casos desconocida. Tienes que ser tú quien se cronometre y diseñe un sistema que resulte exitoso sin demasiados desvíos.

PÉRDIDA DE TIEMPO #12:
FALTA DE HABILIDAD PARA RECAUDAR DINERO

#13 No dejes que la tecnología te controle

JORDAN MILNE

La tecnología puede ser una herramienta eficaz y un lujo que favorece la flexibilidad. También puede ser una trampa. No hay etiquetas de advertencia cuando compras un nuevo *smartphone* o entras en Facebook, ni ninguna pegatina que hable de la adicción ni de la pérdida de tiempo que puede acarrear su mal uso.

En el mundo moderno, puedes trabajar todas las horas del día. Puedes despertarte en mitad de la noche, encender el ordenador y ponerte a trabajar en cualquier cosa que se te ocurra. El potencial es enorme, pero tienes que controlarlo y usar con cuidado las herramientas de la tecnología y la comunicación. No dejes que ellas te controlen.

No hay herramienta más peligrosa que el correo electrónico. Millones de personas hemos leído el éxito de ventas internacional *La semana laboral de cuatro horas*, donde Tim Ferriss lanza una pulla muy necesaria y bien dirigida contra el correo electrónico. No obstante, desde que el libro salió a la venta, el uso del correo electrónico no ha ido reduciéndose avergonzado hasta desaparecer, sino todo lo contrario. Según recientes investigaciones, un abrumador 96 por ciento de encuestados informan de que su uso de

Desconfía de los que malgastan tiempo y energía

esta herramienta ha seguido siendo el mismo o ha aumentado en el año anterior, mientras que otro 96 por ciento esperaba que su uso profesional del correo siguiera igual o aumentara en los próximos cinco años. Hasta que a alguien se le ocurra una alternativa real, el correo electrónico va a quedarse con nosotros, y tenemos que sacarle el máximo partido posible.

Stever Robbins, *coach* empresarial y experto en eficiencia, explica los peligros del mal uso del correo electrónico y señala que éste plantea por lo menos tres problemas:

1) Distrae nuestra atención de la tarea que tenemos entre manos y de las personas que nos rodean, con el señuelo de una falsa impresión de urgencia. Tenemos que darnos cuenta de que —la mayor parte del tiempo— si no contestamos un mensaje de inmediato no vamos a perdernos una gran oportunidad ni a pasar por alto un problema enorme que no seguirán estando ahí más tarde.

2) La vida es lo que pasa cuando no estamos delante del ordenador, no cuando estamos ante él. Piensa en los mejores momentos de tu vida. ¿Estabas escribiendo correos electrónicos? Probablemente no.

3) El correo electrónico también nos hace adoptar un papel reactivo, en lugar de proactivo: responder a lo que otros quieren y no pueden encontrar. El correo electrónico ha sido descrito como una lista de cosas que hacer que nunca termina y que alguien hace para ti.

Pasar tiempo vaciando tu bandeja de entrada está bien como actividad residual, pero deberías dedicar el núcleo de tu tiempo a tus cosas «rabiosamente importantes». Ten cuidado. Toma el control.

> **PÉRDIDA DE TIEMPO #13:**
> **MIRAR TU CORREO ELECTRÓNICO**
> **CADA CINCO MINUTOS**

#14 SÉ UN PACIFISTA DE LOS NEGOCIOS

MARTIN BJERBEGAARD

Nelson Mandela, Mahatma Gandhi y el actual Dalái Lama son tres de los líderes más influyentes y respetados de la historia moderna. Proceden de diferentes países y épocas, pero tienen una cosa en común: creen en la paz, el perdón y la colaboración. Una de las citas famosas de Gandhi es: «Ojo por ojo y el mundo entero acabará ciego».

Por fortuna, ha pasado mucho tiempo sin que el mundo occidental sufra guerras, en el sentido tradicional, en su propio suelo. No tenemos que temer que los soldados invadan nuestras calles ni que lluevan bombas del cielo.

No obstante, se sigue librando un tipo muy diferente de guerra en nuestras salas de juntas y tribunales. Aunque este tipo de guerra no se puede comparar con un conflicto militar, es, sin embargo, más cara y destructiva hoy de lo que nunca lo ha sido.

En 2008, los emprendedores de Estados Unidos pagaron 105.000 millones de dólares en gastos por litigios, una cifra que se supone que alcanzará unos apabullantes 152.000 millones en 2011. Es una cifra más alta que el gasto militar anual medio de Estados Unidos durante la guerra de Vietnam.

Ganar, sin tener que perder

La mayoría de conflictos del mundo corporativo no llega a un juicio en los tribunales. No obstante, los que se dirimen discretamente en los pasillos de los bufetes de abogados no son menos caros y estresantes para los involucrados.

Piensa en los conflictos relacionados con el trabajo que has vivido tú mismo: quizás una dura pelea entre dos fundadores de la compañía; una huelga causada por la desconfianza entre la dirección y el personal; o tal vez unos inversores que hacen trizas una empresa, sin miramientos. Las pequeñas batallas que libramos cada día se comen nuestra energía, malgastan nuestro tiempo y consumen nuestro dinero.

Muchas empresas emergentes encuentran una muerte temprana gracias a estos tipos de guerra. Necesitamos más Mandelas, Gandhis y Dalái Lamas en el mundo corporativo. Gandhi también nos alentó a ser «el cambio que queremos ver en el mundo».

Tengo la esperanza de que tú y yo podamos hacer ese cambio convirtiéndonos en «pacifistas empresariales». Hacerlo no sólo fomentará una paz más profunda en nosotros mismos y creará una mayor prosperidad en el mundo, sino que, además, nos hará más ricos y felices.

Podríamos estar pensando: «Tenemos que protegernos cuando nos atacan». Pero la definición e interpretación de atacar varían de forma drástica. El umbral de algunas personas es tan bajo que están dispuestas a pelear si las miramos mal. Otras soportarán muchos insultos conscientes antes de que se les acelere el pulso.

Lo mismo es verdad en los negocios. Nuestra tolerancia viene determinada por nuestra propia estima y madurez personal, además de por si nos definimos según lo que otros piensan o nos hacen o si nuestra conciencia de nosotros mismos viene de dentro.

Incluso si es indiscutible que nos atacan, todavía nos queda la libertad de elegir nuestra respuesta. No hace mucho, en Rainmaking nos enfrentamos a esta decisión cuando un ex socio de la empresa reclutó a miembros de nuestro personal, desvalijó la página web de una de nuestras compañías, trató de robarnos a un importante proveedor y empezó a competir directamente con nosotros.

Era una violación abierta del acuerdo que él mismo había aceptado cuando hicimos que abandonara esa empresa específica, al precio justo que él pidió. Fue una enorme decepción personal porque la verdad es que nos caía bien aquel hombre y pensábamos que el sentimiento era recíproco. Tal vez lo era; podía haber muchos motivos en juego; tal vez su esposa lo había obligado y además tuvo que emplearla en su nueva compañía.

Nuestro equipo se reunió para discutir cuál podría ser una respuesta adecuada. Nos habría ido bien en los tribunales, pero decidimos no gastar energía negativa. Además de energía, un juicio habría exigido tiempo y dinero. Así que resolvimos centrarnos en poner esos recursos en juego para mejorar nuestra propia empresa. Con esto en mente, sencillamente lo perdonamos y seguimos haciendo nuestro trabajo.

Ganar, sin tener que perder

Esta decisión dio unos resultados increíblemente buenos, y dos años y medio después cerramos, con éxito, una venta multimillonaria de la empresa, mientras que nuestro anterior socio nunca consiguió prosperar realmente con la suya.

Su fracaso se podría atribuir a muchas cosas, pero yo, personalmente, creo que nunca se entregó a su compañía en cuerpo y alma. Copiar a otros y violar acuerdos nos hace sentir mal y, sin ninguna duda, no es el punto de partida acertado para algo tan exigente como lanzar una empresa emergente. Su corazón y su energía trabajaron en contra de él, en lugar de con él.

En cambio, nosotros conservamos nuestra «inocencia», usando nuestro tiempo, dinero y energía eficazmente. Más aún, nos quitamos un peso de encima cuando elegimos el camino del perdón y la generosidad. Nos hizo sentir bien.

Los pacifistas empresariales podemos alcanzar grandes resultados. Al igual que Gandhi, descubriremos que poner la otra mejilla puede ser la respuesta más poderosa de todas. Aunque doloroso a corto plazo, a la larga es más que probable que aplaste al agresor que tenemos delante y que nos convirtamos en un modelo de conducta, inspirando a otros a hacer lo mismo.

Es fácil que, de modo impulsivo, la agresión nos fascine, quizás inspirados por las películas y libros de acción. Pero ¿quiénes son los que se ganan y conservan nuestra admiración y respeto de forma perdurable? Son los que nos muestran amor y compasión, no los que acobardan a otros con su agresividad.

Desconfía de los que malgastan tiempo y energía

PÉRDIDA DE TIEMPO #14: CONFLICTOS

CUANDO EL CAMINO ES CUESTA ARRIBA

→ 5 IDEAS QUE TE DARÁN PODER CUANDO VENGAN TIEMPOS DIFÍCILES

Así pues, has decidido ser emprendedor o líder empresarial. Bienvenido a un camino tan lleno de obstáculos como la carretera de un pueblo africano. Para decirlo francamente, todos tendremos que abrocharnos bien nuestro cinturón mental; de lo contrario nuestro sentido del humor y nuestras ganas de vivir no podrán hacer el viaje con nosotros. Tropezaremos con reveses, derrotas y fracasos, algunos de los cuales parecerán fatales.

Pero no lo son. Cuando se es emprendedor, no existe el fracaso; sólo la experiencia de unas reacciones diferentes. Es preciso que sigamos adelante, que seamos dueños del regreso. Parece brutal, pero no tiene por qué serlo. Todo está en nuestra mente. Los cinco artículos siguientes te ayudarán a seguir siendo fuerte e incluso a sentirte alegre cuando las cosas están que arden o estás metido en un profundo valle.

#1 AMA TUS ESCALERAS

MARTIN BJERGEGAARD

¿Alguna vez has observado el modo en que la gente se prepara para el retiro? ¿La manera en que hablan de trasladarse a una casa de planta baja para evitar esas «desagradables escaleras»? ¿O de cómo tienen muchas ganas de retirarse para no tener que preocuparse, nunca más, de poner el despertador? Muchas personas empiezan a pensar así cuando se aproximan a los sesenta y algunos incluso antes.

Cuando mi padre se acercaba a los sesenta, tomó tres decisiones con todas las cuales yo estuve muy en desacuerdo en aquellos momentos, y de las que traté de disuadirlo. Rechazó una oferta para vender su propiedad inmobiliaria por una bonita suma de dinero y, en cambio, se embarcó en un proyecto amplísimo de renovación y mejora de la misma propiedad, un proyecto que puso en peligro sus finanzas y que lo ha mantenido ocupado hasta hoy. En segundo lugar, a los 56 años de edad, se apuntó al club de karate local; un buen día, se presentó con su cinturón blanco y su pelo gris y empezó a intercambiar golpes con sus compañeros de 20 años. Y en tercer lugar, a sus 59 años, tuvo otro hijo, mi hermano Krystian, que hoy tiene 7 años y es un compañero de juegos fabuloso para mi hija de 5 años.

«Es un hombre al que le asusta hacerse viejo», fue lo que yo pensé y, sinceramente, me sentí mal por él. Pero hoy, cuando ya tiene 66, tengo que decir que mi padre no ha envejecido un día en los últimos 10 años. Por supuesto, tiene un par de arrugas extras, pero en todos los sentidos importantes está mucho mejor que la mayoría de los que tienen 50 años. Hace gimnasia dos veces al día y está en mejor forma física que yo. Cuando levantamos pesas juntos, tengo que aceptar la derrota, y siempre me toma por sorpresa. Habla como un joven, sale con la gente del club de karate y le gusta discutir las funcionalidades de Internet. Pero lo más importante es que es feliz y está sano y sigue disfrutando tanto de cada día como cuando tenía 30 años.

En la actualidad, no es muy divertido estar con la mayoría de los amigos de mi padre que tienen su misma edad. Se retiraron hace un par de años y se pasan el tiempo sentados, sin hacer nada y hablando del tiempo. Rápidamente, se van librando de los últimos pequeños retos de la vida; eliminan las escaleras, contratan a alguien para que les corte el seto del jardín y venden la casa de vacaciones porque es demasiado trabajo. En otras palabras, están haciendo todo lo que pueden para desmantelar lo que, en un tiempo, fue su vida.

Anthony Robbins, *coach* de vida, nos inspira contándonos historias de los que, ya ancianos, siguen viviendo su vida plenamente. «La buena vida» no viene necesariamente de conseguir mucho y luego, de repente, no lograr nada en absoluto. El sueño de una jubilación temprana es una mentira.

La felicidad tiene que ver con mantenerse activo y embarcarse constantemente en nuevos retos que nos permitan aprender y crecer.

Cuando el camino es cuesta arriba

Esta idea tiene un potencial enorme para nosotros, los emprendedores. Muchos soñamos con hacernos con un buen montón de dinero, y podemos sentirnos decepcionados y desilusionados si el éxito no llega cuando confiamos o suponemos que lo hará. No obstante, no hay ninguna razón para que nos sintamos así. Lo más importante para nuestra felicidad es que continuemos dándole prioridad, que aprendamos constantemente cosas nuevas y conservemos nuestras ganas de vivir. Al contrario de lo que podríamos suponer, estos objetivos reales, más interiores, son de hecho más fáciles de alcanzar sin tener 100 millones de dólares en nuestra cuenta bancaria y sirvientes satisfaciendo todos nuestros caprichos. Disfruta de los desafíos que la vida y tus proyectos empresariales te presentan.

PENSAMIENTO EMPODERADOR #1:

PROBLEMAS = RETOS =

CRECIMIENTO = FELICIDAD

#2 DESCUBRE LA OPORTUNIDAD EN EL PELIGRO

JORDAN MILNE

A la mayoría de personas, nos parece que el equilibrio está al alcance de la mano cuando todo va bien. Cuando recorremos una carretera recta y sin obstáculos, podemos beneficiarnos de los automatismos, bajar las ventanas y disfrutar del viaje.

Cuando todo pasa como estaba planeado, nos resulta más fácil llegar a alguna forma de equilibrio en nuestra vida. No nos importa salir de la oficina temprano cuando el negocio va bien y podemos tomarnos vacaciones extras para celebrar unas buenas ganancias o un nuevo acuerdo.

La realidad es que es raro que las cosas salgan como estaban planeadas. Entonces, ¿qué sucede cuando los planes fallan? Es en ese momento cuando nuestro compromiso con el equilibrio es puesto a prueba. Cuando surge un problema no previsto, nuestra vida puede caer en picado. Tanto si se trata de nuestra vida profesional como de la personal, puede que perdamos el rumbo y nos descentremos. Muchos nos estresamos y algunos nunca se recuperan del todo.

Sophie Vandebroek, directora de tecnología de Xerox, ha superado la adversidad y tiene un par de cosas que decir al respecto. Su fuerza reside no sólo en su capacidad para conseguir el equilibrio y el éxito los días buenos, sino en su habilidad para mantener una actitud positiva y conservar ese equilibrio frente a las dificultades; por ejemplo, cuando su esposo murió trágicamente. Sophie se inspira en su proverbio favorito: *En el peligro hay oportunidades.*

Sophie explica: «Es un ideograma chino con dos trazos: peligro y caos. A primera vista, es un término que asusta, pero si tapas el trazo izquierdo y miras el derecho, dice oportunidad. La actitud de mirar siempre la oportunidad, por mala que sea la situación, ha demostrado ser algo muy valioso para mí. Por ejemplo, si aparece un competidor justo antes de que tú lances tu nuevo producto o si algunos de tus experimentos fallan; o si rompes con tu pareja o vives una tragedia como la del once de septiembre, o peor todavía, si alguien a quien amas muere, es totalmente comprensible que te sientas herido y asustado.

»No obstante, muchas personas se paralizan. Cuando oyen que se están produciendo despidos en su empresa, se quedan paralizados. Yo siempre les digo que es una oportunidad. Que afinen su currículum, que ofrezcan propuestas para hacer las cosas de otro modo, que salgan y ayuden a los que lo necesitan. Si rompes una relación, haz nuevos amigos. Hay muchas oportunidades, si puedes reacondicionarte. Mirar las oportunidades y no los peligros te ayuda a alcanzar el equilibrio. Aunque, a veces, hacerlo es difícil, una vez que consigas un cambio mental, empezarás a preguntarte: Bien, ¿qué oportunidad me brinda esto?»

No importa cuál sea el tamaño o la clase de obstáculo con el que tropieces, procura no sólo mirar el lado positivo, sino también buscar activamente la oportunidad que se te ofrece. ¿Cuál es el mayor reto al que te enfrentas hoy? ¿Cómo puedes darle la vuelta?

> **PENSAMIENTO EMPODERADOR #2:**
> **CADA REVÉS ES UNA NUEVA OPORTUNIDAD**

#3 RECUERDA QUE SIEMPRE HAY UN MEDIO

MARTIN BJERGEGAARD

Cuando el éxito no resulta tan fácil como nos gustaría, hay quien se apresura a echarle la culpa a las circunstancias y el entorno. «El éxito habría sido posible si, y sólo si, las circunstancias no hubieran estado tan en su contra.» Maxim Spiridonov es un cambio refrescante frente a esta mentalidad. Su historia y su actitud ilustran lo que es posible.

En nuestra entrevista, Maxim, de 34 años, habla de un modo sosegado y seguro sobre sus empresas favoritas. Una de ellas publica dos revistas rusas en la Red, cada una con unos 100.000 lectores. Otra es una página que ofrece servicio de descargas multimedia *(podcasting)* de temas empresariales, la más popular de Rusia, que puso en marcha en 2008. Hoy ha vendido la mitad del negocio a una firma de capital riesgo, con base en Moscú, y ha suscrito un acuerdo con la versión rusa de la revista *Forbes* para publicar sus *podcasts* en forma de texto.

Maxim no se ha limitado al sector de los medios. Su empresa emergente más reciente comercializa un *software* para comprar y vender divisas. Cuando lo conocí, este negocio llevaba en marcha sólo ocho meses y ya contaba con 40 empleados: programadores, analistas, gestores del riesgo, agentes. Generan ingresos cargando una comisión por cada transacción, y es impresionante que ya sean rentables.

Maxim parece estar en buena forma, sentado allí con su camiseta negra. Aunque me siento un poco incómodo, hago acopio de valor en nombre de mi misión, y le pregunto si hace ejercicio con frecuencia. «Sí, de treinta a cuarenta minutos por la mañana, estiramientos y yoga», es su tranquila respuesta, lo cual indica que he conseguido ocultar mi vergüenza. «Más dos o tres veces a la semana en el gimnasio.» De hecho, se irá al gimnasio después de la entrevista. ¿Cómo consigue el tiempo?

«No tengo tiempo para no estar en forma. Estar sano es la base del éxito.» Tengo la impresión de que esto es algo que ha dicho antes, quizás a sus cofundadores y colegas, o quizás en sus frecuentes conferencias en reuniones de emprendedores. Allí, su mensaje favorito gira en torno a la importancia de crear relaciones de confianza, respetuosas y mutuamente enriquecedoras con socios y colegas. «Todo tiene que ver con la confianza» es su frase favorita.

Pasó todo el mes de enero en Tailandia. «No importa dónde vivo, mientras haya una conexión fiable a Internet.» Los tres últimos meses lo han llevado de viaje a Israel, Ucrania y Suiza, además de hacer giras por su vasto país natal, incluyendo una a Siberia. La siguiente parada será un viaje a Turquía, con sus dos hijas. Tienen 9 y 12 años y viven en Núremberg, Alemania, con su madre. El tiempo que Maxim no pasa viajando, lo divide equitativamente entre sus empresas en Moscú y sus hijas en Núremberg. Funciona bien, y él disfruta del hecho de estar integrado en dos culturas simultáneamente.

Todo parece un poco demasiado fácil y empiezo a desconfiar. ¿Es posible que sus padres sean unos de esos oligarcas sobre los que he leído en la prensa? ¿Nació en cuna de oro?

Ninguna de estas conjeturas se acerca para nada a la verdad. Maxim ha ganado cada rublo que tiene. Se preparó para ser actor, y trató de ganarse la vida, apenas, en los teatros de San Petersburgo. Cuando fundó una familia, necesitaba llevar a casa más dinero del que la profesión de actor le podía proporcionar. Era 1998, y una crisis de proporciones históricas sacudía los cimientos de la nueva economía de mercado rusa.

En mis conversaciones con él, Maxim no dice ni una palabra sobre la crisis. Tampoco menciona el hecho de que era difícil empezar como emprendedor sin capital, sin los contactos pertinentes y sin la educación adecuada. No parece formar parte de su modo de ver el mundo. En cambio, habla de cómo él y algunos amigos del teatro pusieron en marcha una compañía que organizaba actos: «Conocíamos el negocio del espectáculo y teníamos muchos contactos que podían ayudarnos a montar algunas actividades asombrosas.

»Disfrutábamos tanto que, para nosotros, era un juego más que un negocio. Alcanzamos un volumen de cuatro a cinco millones de dólares al año, y en 2004, vendí mi parte y me trasladé a Alemania para probar algo nuevo».

«Hacer negocios tiene que ver con pasarlo bien», dice Maxim, y suena como otro de sus lemas.

Hace unos años creó una comunidad social, donde la gente podía votar a quien creía que debería ser el siguiente presidente de Rusia. Era una broma, pero atrajo a miles de participantes y mucha publicidad. El mes que viene va a empezar a tomar clases de tango con su novia.

«Es uno de los jóvenes emprendedores de TI más famosos de Moscú», me dice mi contacto ruso mientras nos abrimos paso en el metro que transporta tantas personas como los de Londres y Nueva York juntos; ocho millones de personas al día, la mitad de la población de la ciudad más grande de Europa.

Comprendo por qué Maxim es tan popular. Su historia y su carisma me impresionaron también a mí. ¿Cuántas veces conocemos a personas con potencial que no actúan porque no tienen dinero, viven en el país equivocado, están en medio de una crisis, tienen la educación inadecuada, son demasiado jóvenes o demasiado viejas, no tienen ninguna idea o no conocen a las personas adecuadas?

Maxim nos recuerda lo que todos sabemos, pero olvidamos con frecuencia: siempre hay un medio. Y el único requisito previo es la capacidad de ver posibilidades en lugar de limitaciones.

> **PENSAMIENTO EMPODERADOR #3:**
> **CON INDEPENDENCIA DE TU ACTUAL SITUACIÓN, PUEDES GANAR SIN TENER QUE PERDER**

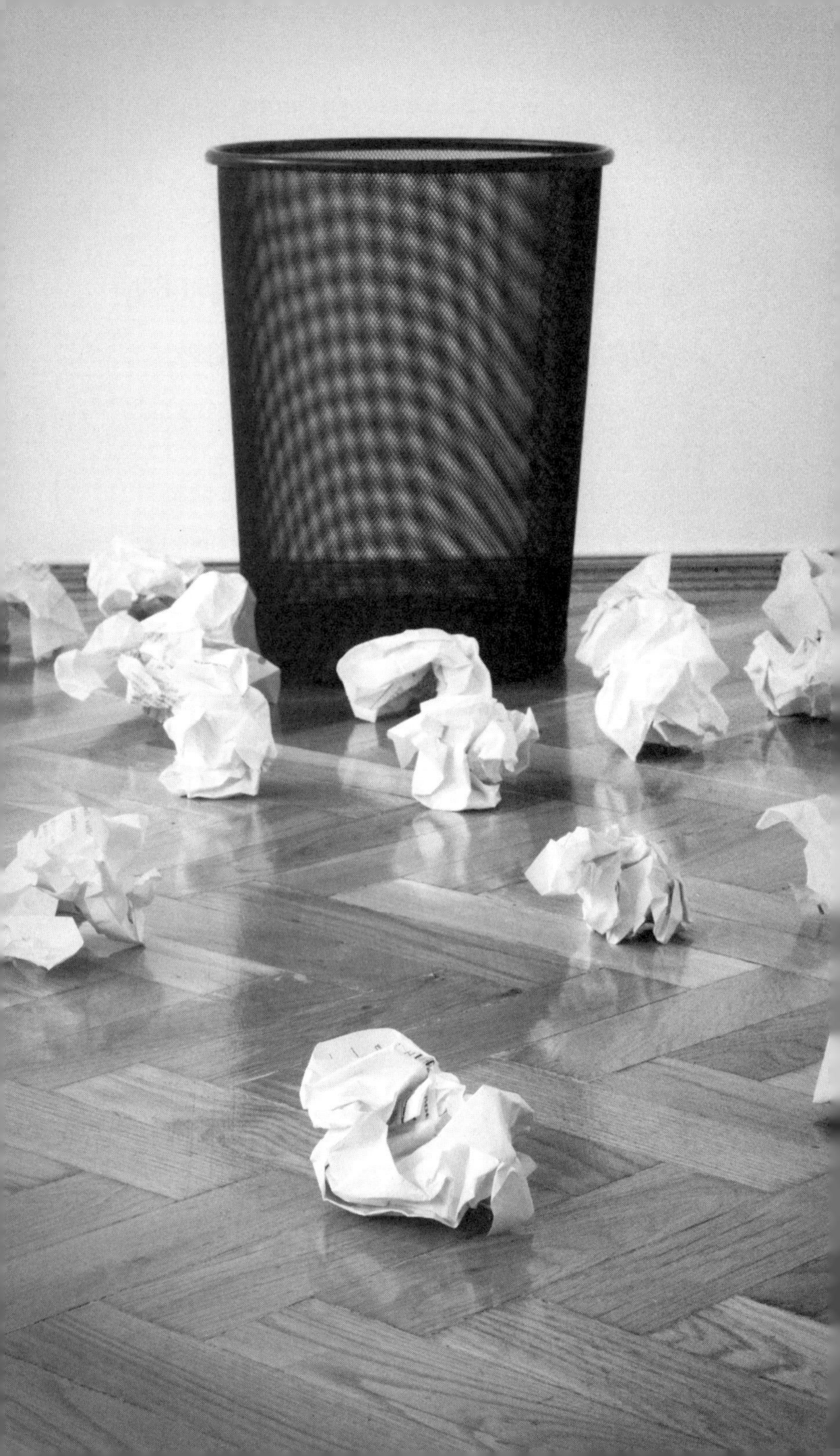

#4 INTÉNTALO MUCHAS VECES

MARTIN BJERGEGAARD

En 2008, Derek Sivers vendió CD Baby, su tienda de música *online*, por 22 millones de dólares. Ahora lo invitan a hablar en las conferencias TED (Tecnología, Entretenimiento, Diseño) y ha aparecido en revistas de alto nivel como *Wired* y *Esquire*. Recientemente publicó *Sigue tu pasión* (Empresa Activa, Barcelona, 2012), un superventas en el que detalla 40 lecciones sobre el espíritu emprendedor. Según NBC, Sivers «revolucionó el sector de la música».

Por si esto fuera poco, Derek tiene también fama de llevar una vida equilibrada. Aceptó nuestra petición de entrevistarlo, pero con una condición: teníamos que hacerle nuestras preguntas por escrito, para poder contestarlas cuando le fuera bien; quizás una señal de su decisión de usar su tiempo sabiamente. Una de las primeras preguntas que le hicimos era pura y simple: «¿Por qué tienes tanto éxito?» Recibimos la respuesta pocos minutos después. Era sincera, precisa y dejaba una impresión duradera.

«Pura suerte —respondió—. Puse en marcha CD Baby justo en el momento acertado, con los servicios acertados. He fundado otra docena de empresas que no despegaron, pero por alguna razón, ésa lo hizo», continuó.

Para sorpresa mía, Derek no tenía ni idea de por qué CD

Baby había sido un éxito. Incluso se resistió a la tentación de hacer algún tipo de racionalización a posteriori. En cambio, compartió la verdad con nosotros. Era incapaz de ver la diferencia entre docenas de proyectos que acabaron en el «cementerio de la nuevas empresas», y CD Baby, que lo había transformado en un emprendedor superestrella y convertido en un ídolo para miles de músicos independientes.

McKinsey & Co., a la que hemos mencionado antes, está reconocida como una de las primeras firmas de consultoría del mundo. Se la aclama por contar con algunos de los cerebros más agudos y analíticos del planeta. Cuando las compañías y gobiernos más poderosos necesitan ayuda, llaman a McKinsey. Hacia finales de la década de 1990, la consultora decidió entrar en la escena de las empresas emergentes. En lugar de facturar sus «honorarios monstruosos» habituales, querían trabajar junto a emprendedores a cambio de participación en sus nacientes empresas. La noticia se difundió y brotaron oficinas dedicadas a este nuevo concepto por todo el mundo. Muchos de los más grandes cerebros empresariales compraron acciones de la firma de consultoría. Tres años más tarde, el proyecto se desmanteló y se perdieron millones de dólares.

¿Qué hizo mal esta muy respetada firma de consultoría? Aunque, sin duda, fueron muchas las causas, la primera y más importante fue un fundamental error de juicio. McKinsey pensó que podían detectar a los ganadores. Creyó que con su experiencia, sus métodos y sus cerebros podría examinar cientos de planes de negocio y elegir los pocos que tenían el potencial para convertirse en un éxito internacional. Se equivocó. Resultó que sus cálculos no eran mejores que los tuyos o los míos. Igual que Derek Sivers, McKinsey no tenía ni idea de qué surcaría los mares y qué naufragaría.

¿Por qué es tan difícil predecir un modelo de éxito? La explicación es muy sencilla. Hay demasiados factores desconocidos en la práctica empresarial; hacer una predicción es tarea de tontos. Un ejemplo muy citado es el famoso cálculo que hizo Tom Watson sobre el mercado para ordenadores cuando, como CEO de IBM, decidió que la demanda total de ordenadores no superaría los cinco millones. McKinsey opinó, en una ocasión, que los teléfonos móviles serían un «nicho» de mercado. ¿Y quién puede olvidar la respuesta que dio Bill Gates, muy seguro de sí mismo, en 1993, cuando le preguntaron qué opinaba Microsoft sobre Internet, que por aquel entonces iba ganando terreno? «¿Internet? —dijo— No nos interesa.» **Cuando personas tan inteligentes como Tom Watson y Bill Gates, y firmas como McKinsey pueden equivocarse tanto, está claro lo difícil que es predecir el éxito.**

Así pues, si nadie puede calibrar los resultados de las empresas emergentes con algún grado significativo de previsibilidad, entonces, ¿cuál es el mejor modo de proceder? La respuesta es sencilla. Probar muchas veces. Probar muchas ideas, muchos proyectos y muchas empresas emergentes. Tener sólo uno o dos boletos de la rifa es demasiado poco. Como Derek, es preciso haber hecho por lo menos diez intentos para alcanzar el éxito, y preferiblemente incluso más.

Una vez leí sobre un vendedor de telemarketing que calculó que su tasa de aciertos era del 5 por ciento. Es decir, por cada 20 personas a las que llamaba, conseguía un pedido. Se acostumbró a celebrar cada vez que lo rechazaban, porque estaba una llamada más cerca de una venta. Puede que nos parezca que estaba loco, pero cosechaba los resultados más altos de su empresa. Cuando aceptas el hecho de que quizá tengas que hacer varios intentos para conseguir un ganador, entonces es más fácil relajarse y disfrutar del viaje. En ese caso, cada vez que te encuentras en una posición de jaque mate o tienes que echar el cierre a un proyecto, ya no es un fracaso, sino una valiosa experiencia de aprendizaje, y estás a ese importante paso más cerca de ganar el premio gordo.

> **PENSAMIENTO EMPODERADOR #4:**
> **SE TRATA DE HACER MUCHOS INTENTOS**
> **(Y PERSEVERAR CUANDO ACIERTAS)**

#5 CONVÉNCETE DE QUE NUNCA ES DEMASIADO TARDE

JORDAN MILNE

Mark Zuckerberg (Facebook) y Andrew Mason (Groupon) alcanzaron su posición de multimillonarios cuando eran veinteañeros. En una época en que parece que los fundadores son más jóvenes cada día, es fácil pensar que cuando ya has cumplido los 35, empiezas a ir cuesta abajo.

Aunque el éxito de estos emprendedores es impresionante y ciertamente se merece aparecer en la prensa, no hay duda de que son la excepción más que la regla. Las pruebas demuestran que la mayoría de emprendedores pueden seguir mejorando según ganan en edad y en experiencia. No te dejes atrapar por esa opinión negativa según la cual tus facultades físicas, mentales y creativas se deterioran a la velocidad que tantos han aceptado como si fuera la realidad. **Nunca es demasiado tarde para alcanzar el éxito haciendo algo que te entusiasma.**

Para encontrar inspiración en el deporte, no hay que ir más lejos que el nuevo chico del cartel de Adidas: Fauja Singh, un corredor de maratón que tiene 100 años. En la India, cuando tenía 84 años, murieron su esposa y su hijo más joven, y Singh se trasladó al Reino Unido a vivir con su otro hijo. Luchando contra la añoranza, la soledad y el aburrimiento, encontró solaz en correr. Gradualmente, correr se convirtió en su pasión y su alegría, y a la edad de 89 años participó en su primera maratón.

En las artes, piensa en la pintora estadounidense Anna Mary Robertson Moses. Cuando su artritis empeoró tanto que ya no pudo seguir bordando, empezó a pintar. Tenía 76 años. Hoy sus cuadros cuelgan en los museos de todo el mundo, así como en la Casa Blanca. En 2006, su obra *Sugaring Off* se vendió por 1,2 millones de dólares. Cuando la abuela Moses murió, a los 101 años, había pintado más de 3.600 cuadros con lo que se reconoce como un estilo popular propio.

Entre los políticos, está Hazel, «El Huracán», McCallion, que a los 90 años de edad fue alcaldesa de Mississauga, Canadá. Su actitud práctica y sensata cosechó el 76 por ciento de los votos.

El coronel Harland Saunders lanzó su empresa a la edad de 65 años, usando su primer pago de la jubilación como capital inicial. Se puso en marcha para vender su «receta secreta de pollo frito» a los restaurantes y, cuando murió a la edad de 90 años, su cadena Kentucky Fried Chicken, famosa en todo el mundo, tenía ya 6.000 establecimientos y ventas de más de 2.000 millones de dólares. Cuando Ray Kroc se hizo cargo de la primera franquicia de McDonalds, comprándosela a los fundadores originales y pasando a convertirla en el gigante que es hoy, ya había cumplido los 50.

Abundan los ejemplos en todos los campos del empeño humano. Moses, Singh, McCallion, Sanders y Kroc dan fe del hecho de que nunca es demasiado tarde para alcanzar la grandeza en nuestro campo respectivo. Así que libérate de la desagradable idea de que tus mejores años han quedado atrás. Los mejores son los que estás a punto de vivir, y hoy es el mejor día de todos para empezar.

> PENSAMIENTO EMPODERADOR #5:
> PERSONAS MAYORES (Y MÁS JÓVENES) QUE TÚ ESTÁN PONIENDO EN MARCHA SU PRIMERA EMPRESA HOY

EQUILIBRIO DE DISEÑO

→ 10 ELEMENTOS PARA DEJAR DE ESPERAR QUE ALGO SUCEDA Y EMPEZAR A HACER PLANES PARA QUE SUCEDA

Cuando creamos algo físico solemos empezar por diseñarlo. Tanto da que sea un garaje, una casa de muñecas o un puente. No empezamos en una esquina y confiamos en que la suerte nos acompañe. Claro está que todos tratamos de diseñar también nuestras empresas emergentes; es lo que se llama un plan de negocios. Pensamos en modelos de negocio, organización, productos y previsiones de ingresos. Es posible que incluso nos excedamos al tratar de planear y controlar estos factores, como ya decíamos en un artículo anterior. Pero hay una cuestión que muy pocos emprendedores recuerdan tener en cuenta en la fase de diseño: «¿Cómo estructuro esta empresa para que nos permita, a mí y a mi equipo, un buen equilibrio?»

Es una cuestión obvia, ¿verdad? Si el equilibrio está estrechamente relacionado con la calidad de vida, entonces, ¿por qué no íbamos a optimizarlo junto con los otros Indicadores Clave de Desempeño (KPI, sus siglas en inglés)? A la mayoría de emprendedores les encantaría hacerlo, pero no cuentan con la inspiración ni con la conciencia para ser «diseñadores de equilibrio». Las siguientes 10 propuestas te ayudarán a cambiar esta situación.

#1 CONSTRUYE PENSANDO EN EL EQUILIBRIO

JORDAN MILNE

Chad Troutwine tiene una energía contagiosa. Deja una impresión duradera en todos los que le conocen. Cuando hablas con él, tienes la impresión de que eres la única persona en el mundo. Su seguridad brilla en cualquier situación. «Si le preguntas a mis amigos, te dirán que tengo un nivel de confianza saludable», dice Chad. Sus ganas de vivir son evidentes. Tiene encanto.

Como mencionaba en un artículo anterior, Chad es el cofundador de Veritas Prep, una empresa que puso en marcha con su amigo Markus en la escuela de posgrado. Juntos participaron en muchos concursos de planificación de negocios, y ganaron. Mientras otros estudiantes proyectaban empresas basadas en estrategias Blue Ocean (Estrategias del Océano Azul)*, Chad se centraba en la ejecución. «Sabíamos que podíamos montar una ratonera mejor.» Veritas produce unos

---

* Cuyo enfoque propone que las empresas deben centrarse menos en sus competidores y más en las alternativas. Estas estrategias también contemplan que las empresas deben centrarse menos en sus clientes y más en quienes no son sus clientes o en potenciales clientes nuevos. *(N. del E.)*

beneficios aproximados de 15 millones de dólares al año. Lo más impresionante es que, debido a la manera en que hicieron crecer el negocio, Chad y Markus nunca han tenido que recurrir a inversores externos, lo cual significa que son dueños del cien por cien de la compañía.

Veritas Prep ofrece cursos y tutoría para la preparación de exámenes, tanto en persona como *online*. Sus clientes son estudiantes ansiosos por entrar en una escuela de alto nivel para cursar un programa de MBA. Veritas los ayuda a aprender las materias del examen de forma eficaz, para que no tengan que pasarse todo el tiempo estudiando y puedan irse a tomar una cerveza con los amigos y, sin embargo, entrar en la escuela de sus sueños.

Cuando no dirige Veritas, Chad puede estar en el estreno de una de sus películas en Cannes o Sundance, pasando tiempo con los amigos, viajando o trabajando en uno de sus muchos «proyectos pasión». En las 10 películas en las que, hasta ahora, ha invertido han participado actores como James Woods, Christina Ricci, Vince Vaughn, Natalie Portman y directores de renombre mundial como Joel y Ethan Coen.

Recientemente, Chad produjo la versión cinematográfica de *Freakonomics* y se unió a Stephen J. Dubner y Steven D. Levitt para formar Freakonomics Media, LLC, en 2011. Chad también disfruta jugando al baloncesto, al tenis y al *squash* y practicando artes marciales mixtas. Se podría pensar que con todas esas actividades, sería difícil conseguir reunirse con Chad durante los próximos seis meses. Sin embargo, debido a la manera en que ha diseñado su empresa y su vida, no es así.

Equilibrio de diseño

«En mi grupo de amigos, siempre soy el que está disponible. Si alguien dice: "Quiero ir a Londres o a Costa Rica y sólo puede ser la semana que viene", yo me apunto», dice con una sonrisa que me hace pensar que está recordando su última aventura.

Si crees que Chad se ha creado esta vida a costa de los demás, te equivocas. No es la clase de cofundador que deja que su socio trabaje incansablemente, hasta altas horas de la noche, para que él pueda explorar el mundo y dedicarse a lo que le apasiona. Todo lo contrario. Su socio Markus Moberg suele trabajar tres días a la semana y pasa mucho de su tiempo libre viajando. Las dos últimas veces que hablamos con Markus volvía de sus aventuras: un safari en África y *snowboard* en Japón. Markus nació en Suecia y creció en Noruega. Iba camino de Wall Street cuando Chad lo convenció de que probara a ser un emprendedor.

Veritas se construyó sobre una sencilla premisa, con un planteamiento ingenioso. Chad y Markus tomaron un modelo que sus competidores habían demostrado que era eficaz, retocaron unos cuantos elementos para tener ventaja y luego lo ejecutaron a la perfección. Insistieron tanto en la calidad como en la cantidad. Su curso es el doble de largo que el de la competencia y todos sus profesores han alcanzado puntuaciones del 99 por ciento en las pruebas que enseñan. Para mantener bajos los gastos, Veritas se asocia con las universidades para usar los edificios del campus, en lugar de alquilar edificios caros en la ciudad. Veritas logra emplazamientos excelentes con fácil acceso para sus posibles alumnos, y las escuelas consiguen un gran servicio para sus estudiantes. Todos ganan.

Chad calcula que puede tener este éxito, además del tiempo y energía para disfrutarlo, si no se conforma con menos que su visión inicial.

«Desde el principio, Veritas se creó pensando en el equilibrio, —explica Chad—. Hay muchas variables en juego cuando seleccionas oportunidades de negocio y tienes que estar seguro de que todas encajan con lo que buscas. Veritas fue diseñada para ser escalable y autosostenible. Markus y yo teníamos una visión muy clara de lo que queríamos crear: una empresa con un éxito enorme que fuera divertida, eficiente, que involucrara a gente estupenda, funcionara como un reloj, obtuviera grandes beneficios y nos ofreciera el tiempo para relajarnos y dedicarnos a hacer otras cosas que nos apasionaban. No quería construir una prisión donde encerrarme», continúa.

Con frecuencia, eso es exactamente lo que hacemos los emprendedores: elegimos un negocio que limita gravemente nuestra libertad, y ni siquiera lo pensamos dos veces. Chad y Markus nos recuerdan que tenemos que contar con nuestro equilibrio y felicidad en una etapa tan temprana como es la fase de evaluación y diseño.

ELEMENTO DE DISEÑO #1:

ELIGE UN NEGOCIO QUE SEA ADECUADO PARA EL EQUILIBRIO

#2 PREPÁRATE

MARTIN BJERGEGAARD

¿Qué haces mejor que la mayoría? ¿Nadar, cocinar o quizá jugar al bridge? Es muy posible que hayas nacido con talento, pero, a menos que tengas poderes sobrenaturales, la práctica ha sido, sin ninguna duda, un factor definitorio.

Lo mismo puede decirse de construir tu empresa; tienes que practicar y tienes que estar preparado.

Los cinco fundadores de Fullrate, que resultó ser el éxito del año 2009 en Dinamarca, son los emprendedores más preparados con los que me he tropezado nunca. Cuando eran empleados del líder del mercado, habían hecho casi exactamente lo que se propusieron hacer de nuevo como emprendedores: crear una compañía de banda ancha desde cero.

Allá por 2005, una empresa llamada CyberCity era el principal proveedor de banda ancha de Dinamarca, estaba en la cresta de la ola y dominaba el mercado. Cómoda en su posición, la alta dirección no veía ninguna razón para implantar la nueva tecnología que aparecía en el mercado. Por lo tanto, Peter, Stig, Haktan, Nicolai y Kasper salieron por la puerta principal y no volvieron nunca.

Lo que hicieron fue crear el fenómeno llamado Fullrate; una nueva empresa emergente galopante que lanzó la banda ancha barata para la gente. Antes de que pasaran tres años, firmaron una venta por 75 millones a TDC, el viejo monopolio telefónico de Dinamarca.

En retrospectiva, su suerte parece algo predestinado. En CyberCity, Haktan había construido sistemas TI; Peter había conseguido clientes; Nicolai se había ocupado de las finanzas; Stig, de la estrategia, y Kasper conocía la tecnología del derecho y del revés.

Todas las competencias importantes estaban reunidas en el equipo. Confiaban el uno en el otro y rendían el mismo servicio que en años anteriores, sólo que más barato y con más eficacia.

Pero no se necesitan, por fuerza, años para prepararse para un nuevo proyecto. Peter Jones, superemprendedor inglés, conocido por el fenómeno de televisión *Dragon's Den* [La guarida del dragón], relata en su libro *Tycoon* cómo a la edad de 19 o 20 años trabajó un par de años en diversas empresas de ordenadores, en diferentes puestos, para aprender todo lo posible sobre el sector antes de pasar a crear su propio negocio.

Su plan funcionó y consiguió crear una empresa de éxito en un tiempo récord.

No es preciso ser un experto en un sector dado para tener éxito. Demasiados años de preparación pueden entorpecer nuestra capacidad para pensar y actuar creativamente. Pero es una buena idea pasar un par de años absorbiendo conocimientos tanto si quieres trabajar con la banda ancha, con los ordenadores o con cualquier otra cosa.

> **ELEMENTO DE DISEÑO #2:**
> **AVERIGUA CÓMO ADQUIRIR LOS CONOCIMIENTOS NECESARIOS PARA ESTAR PREPARADO PARA TU PRÓXIMA AVENTURA**

#3 VUELVE AL 8-8-8

JORDAN MILNE

Hay quien dice que la vida no es justa. Esa afirmación es cierta en muchos sentidos, pero hay una única constante. No importa dónde naciste ni dónde fuiste a la escuela, quiénes son tus padres o cuál es tu sabor de helado favorito; todos contamos con 24 horas al día. Cuéntalas: 24.

Te presento a Mitch Thrower. Mitch es, en todos los sentidos, una persona excepcional y alguien que, de verdad, le saca el máximo partido a la vida. Es escritor, financiero, emprendedor, y ha sido triatleta Ironman 22 veces, así como el único fotoperiodista que fotografió y filmó en vídeo los Campeonatos del Mundo del Triatlón Ironman mientras participaba en la competición.

Para los que no estéis familiarizados con esta prueba, el Ironman es el pináculo de las carreras de resistencia. Es una agotadora prueba de forma física y poder mental; la mayoría de triatletas consideran que sólo terminarla es ya un blasón en su carrera. Un Ironman ve que los que son bastante valientes para responder al reto completan una carrera a nado de 2,4 millas (3,86 kilómetros) seguida de un recorrido en bicicleta de 112 millas (180,25 kilómetros). Por si eso fuera poco, a continuación los participantes corren una maratón (26 millas, 385 yardas o 42,195 kilómetros). Entrenarse para estas carreras exige sin duda dedicación y, con frecuencia, se cobra un precio altísimo en otros aspectos de la vida del que se entrena.

«He conocido personas que han renunciado a su trabajo, su coche, su casa y hasta a los seres que les importan a cambio de la oportunidad de meterse en las aguas poco profundas de la bahía de Kailua, con 1.600 de sus amigos de triatlón más íntimos. También he conocido personas que han mejorado su trabajo y sus relaciones gracias a su participación en las pruebas Ironman», comenta Mitch, dándonos así una primera impresión de lo que él cree posible.

En el terreno de los negocios, Mitch es igual de perfecto. Es un prolífico emprendedor en serie y cofundador de varias empresas de éxito relacionadas con el deporte, una de ellas The Active Network, que ha evolucionado hasta convertirse en el estándar internacional de facto para el registro y los pagos *online* de los deportes, tramitando más de 70 millones de transacciones al año. Y, a través de Thrower Ventures, la firma de inversiones de Mitch, ha invertido en más de una docena de empresas emergentes y proyectos florecientes.

Entonces, Mitch debe de entregar todo su tiempo y energía al deporte y a sus empresas, ¿no?

No. También dedica tiempo a restituir parte de sus ganancias a la sociedad y está muy involucrado en la filantropía y los proyectos sociales. Es presidente de La Jolla Foundation, que dirige un programa no lucrativo que ofrece financiación, mentores, deportes y educación a lugares desgarrados por la guerra. Su última iniciativa ha sido regalar pelotas de fútbol y jerséis a los niños de Afganistán, Haití e Irak.

Mitch es también un escritor entusiasta. Es autor del libro *The Attention Deficit Workplace*, además de ser columnista de *Triathlete Magazine* y de *BizSanDiego*.

¿Cómo se las arregla para hacer todo esto? ¿Cómo logra, un día tras otro, más de lo que muchos considerarían posible? Mitch construye empresas multimillonarias, se mantiene en una forma física perfecta, escribe libros, ayuda a niños desfavorecidos usando el poder del deporte y, además, acaba el día con una sonrisa en los labios.

Uno de sus secretos reside en un sencillo principio de gestión del tiempo que aprendió de un hombre llamado Schott Tinley. Autor, maestro y campeón por dos veces del Ironman de Hawái, Tinley fue una de las fuerzas más poderosas del deporte del triatlón en los ochenta, y está entre las estrellas del Salón de la Fama de Ironman.

Mitch nos dijo que no olvidaría nunca algo que Schott Tinley le dijo: «Tienes ocho horas al día para trabajar, otras ocho horas para dormir, y es raro que alguien duerma esas ocho horas. Después sigues teniendo ocho horas para ti». Es decir, él tenía esta regla del 8-8-8 y cuando me di cuenta de que era verdad, me entusiasmé pensando en todas las posibilidades que ofrecía, cada día, la regla del ocho a una persona entregada. **Sólo tienes que controlar las ocho horas que son tuyas y no caer en la resbaladiza pendiente de los desvíos que te hacen perder el tiempo**».

Así que cuando ves todas las cosas que quieres lograr y te sientes abrumado, recuerda que todos tenemos 24 horas al día: Mitch Thrower, Einstein, Rockefeller, Oprah, Richard

Branson y tú. Úsalas con sabiduría y tendrás tiempo más que suficiente.

> **ELEMENTO DE DISEÑO #3:**
> **DIVIDE Y PROTEGE TU DÍA, NO DEJES QUE EL TRABAJO LO OCUPE TODO**

#4 CREA SISTEMAS DE SEGURIDAD

JORDAN MILNE

Eres una compañía aérea que opera desde Heathrow, en Londres, el segundo aeropuerto más activo del mundo y el centro que maneja la mayoría del tráfico internacional. Te despiertas para encontrarte con una de las tormentas de nieve más intensas que se recuerdan.

De repente, se cancelan todos los vuelos y miles de pasajeros quedan varados. Empiezan a llegar llamadas y las pérdidas comienzan a amontonarse. Parece como si se hubiera roto una presa y avanzara una riada a una velocidad vertiginosa.

Eres un emprendedor que está trabajando en una propuesta de asociación con una empresa grande, que debes entregar por la mañana. Te levantas para comer algo y vuelves al ordenador, y te encuentras con que tu hijo de dos años lo ha inundado de leche.

¿Qué haces?

¿Qué harás si tu sistema se rompe? Muchos están preparados para lo que creen que sucederá. **Es necesaria una clase específica de preparación para estar listo para lo que temes que sucederá.** Podría ser algo tan sencillo como hacer una copia de seguridad para tus archivos. Instalar estos sistemas significa que estás un paso más cerca de impedir una catástrofe.

Equilibrio de diseño

Hacerlo afectará no sólo a tu éxito, sino también a tus niveles de estrés y a tu tiempo.

La experiencia de Stever Robbins como emprendedor, *coach* empresarial e ingeniero lo ha entrenado en situaciones de pérdida de empleo y le ha hecho comprender la importancia de contar con sistemas de seguridad. Hasta el día de hoy, esa experiencia ha influido en él para crear sistemas de seguridad en sus propias empresas y en aquellas donde actúa como *coach*.

«Si no sabes cómo vas a recuperarte si tu servicio se viene abajo, es como pintarte encima una gran diana roja. Y, a la larga, eso llevará a que tengas que trabajar mucho más y tu vida esté desequilibrada», dice Stever.

Stever ha sido consejero y mentor de muchos directivos de alto nivel en empresas de gran crecimiento. Con frecuencia, conoce a emprendedores inteligentes que han reflexionado exhaustivamente sobre todos los campos, excepto el de tener un plan de seguridad.

«Recientemente, trabajaba con un emprendedor que estaba buscando dinero. Le pregunté qué iba a hacer si no lo conseguía. Dijo que eso no entraba en sus cálculos. No tenía un plan B. A lo cual le respondí que era algo que no estaba bajo su control. No todas las empresas del mundo necesitan contar con un capital de millones de dólares justo desde el punto de salida. Se puede conseguir financiación de proveedores. Se puede intercambiar capital por fabricación. Hay todo tipo de soluciones, pero es de tontos esperar a que tu financiación se desmorone para decidir cuáles van a ser tus próximos pasos», dice Stever.

«La llave para conseguir una vida equilibrada es hacer que sea lo bastante previsible como para darle equilibrio. No va a ser previsible a menos que crees sistemas que sean razonablemente resistentes y tengas salvaguardas, de forma que si una cosa falla, otra pueda tomar el relevo», continúa.

Es posible que ya hayas adoptado las medidas cruciales necesarias para proteger tu negocio. Pero Stever lleva este espíritu un paso más lejos y lo aplica al resto de su vida. Baila *swing*, hace improvisaciones cómicas y es hipnotizador y ha aprendido que incluso los zombis necesitan sistemas de seguridad.

«Estoy en esta obra y hago el papel de zombi. Anoche, se me engancharon los pantalones; la sangre de mentira que usamos es muy pegajosa y hay un momento en que tengo que arrastrarme hasta detrás de una pieza del decorado del escenario para luego aparecer de un salto y dar miedo. Mientras me arrastraba, la sangre pegajosa del escenario se me pegó a los pantalones y se me desgarraron de arriba abajo. Si no hubiera llevado ropa interior habríamos tenido una escena clasificada X. ¡Esta noche me llevaré un par de pantalones por si acaso! ¿Que si creo que se me van a desgarrar los pantalones? No, pero ahora tendré un sistema de seguridad, sólo para estar preparado para seguir si hay un problema», explica Stever.

Si las cosas no salen como estaba planeado, pero tienes instalado el sistema de seguridad necesario, entonces lo que podría haber sido un fracaso, se convierte sencillamente en el plan B. Un callejón sin salida se convierte en una ruta alternativa. Siempre habrá cosas que no puedas controlar, pero tomando precauciones, podrás controlar el efecto que tengan en tu negocio, ayudándote a mantener el control y el equilibrio incluso en circunstancias difíciles.

> **ELEMENTO DE DISEÑO #4:
> SÉ PREVISOR PARA ASEGURAR
> TU EQUILIBRIO FUTURO**

#5 MEJORA TU RATIO INTERIOR/EXTERIOR

JORDAN MILNE

Permanecer en un lugar cerrado, horas y horas, puede cobrarse su precio. Del mismo modo que se supone que no debemos permanecer quietos todo el día, tampoco es de esperar que permanezcamos encerrados. Pasamos largas jornadas en la oficina y luego nos metemos en el coche y conducimos hasta casa: vivimos la mayor parte de nuestra vida dentro de las formas físicas, hechas por el hombre, que hemos creado. Si eres como la mayoría, tu ratio interior/exterior se inclina pesadamente hacia el lado «I». Antes no era así y no estamos muy seguros de cómo hemos llegado a este punto. No he conocido a nadie que aspire a ese modo de vida; sin embargo, la mayoría de personas viven así. Por término medio, los estadounidenses pasan el 90 por ciento de su tiempo encerrados en algún lugar. Para la mayoría de emprendedores, el porcentaje es todavía mayor.

Surgen ideas perturbadoras cuando pensamos fuera de la caja y suceden vidas asombrosas cuando salimos, realmente, de esa caja. ¿Qué prefieres: luz artificial y aire viciado o luz natural, el olor a naturaleza y aire limpio? ¿Cuándo fue la última vez que te tomaste un minuto para mirar, de verdad, al cielo? ¿Cuándo no fuiste corriendo desde el despacho al tren o a tu coche, sino que, resuelta y conscientemente, te

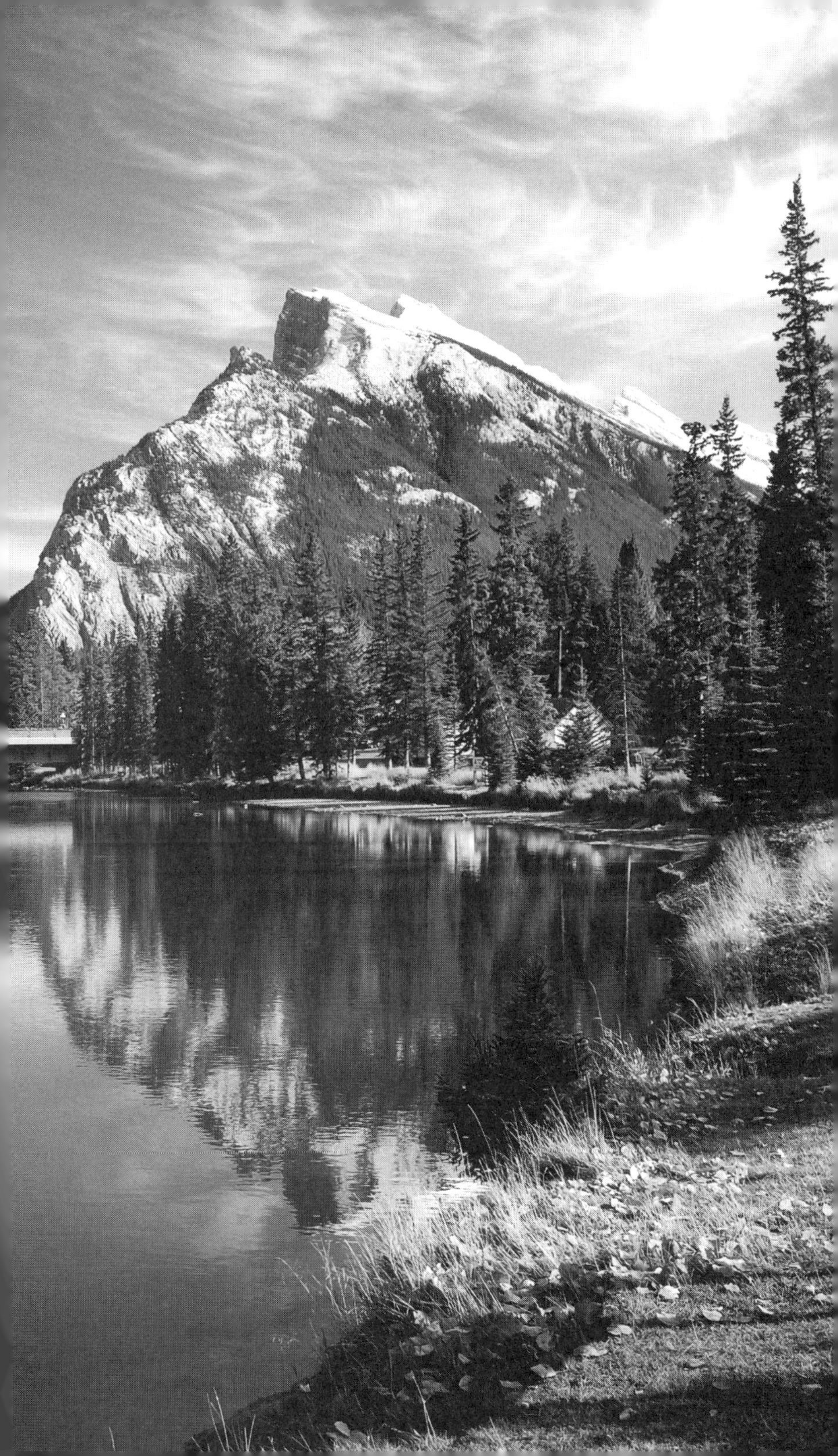

tomaste un momento para disfrutar del exterior? Al principio, puede parecerte artificial, pero obra maravillas. Los efectos positivos que estar fuera tiene sobre el cuerpo están bien documentados. El sol nos proporciona la muy necesaria vitamina D, que con moderación, puede ayudar a prevenir el cáncer y las enfermedades óseas y controlar los niveles de insulina. La luz del sol hace que el cerebro produzca hormonas naturales que nos despiertan y nos hacen estar más alerta. Pasar, aunque sea un corto periodo de tiempo, en el exterior también ayuda a recomponer los ritmos circadianos y favorece la pérdida de peso. En el verano, estos efectos se incrementan por un ratio concentrado de iones negativos en el aire que se ha demostrado que levantan el ánimo.

¿Crees que salir al exterior sólo nos afecta en ese momento? No es así. Las investigaciones indican que estar en contacto con la naturaleza puede ayudar a que nos recuperemos de forma duradera del estrés y la fatiga. Pasar tiempo fuera puede tener un profundo efecto mental. Encontrar el tiempo para hacerlo puede ser tan sencillo como almorzar fuera tres días a la semana, celebrar tus reuniones en el exterior, ir caminando al trabajo, contestar a una llamada telefónica en la calle o, incluso, tomarte unos minutos para relajarte y disfrutar del sol sin ningún reparo. La riqueza y la frescura de una aportación sensorial del exterior no sólo agudiza la mente, sino que, además, nos da perspectiva al recordarnos que hay un mundo más grande ahí fuera. Si no tienes tiempo para una aventura al aire libre, por lo menos sal al exterior para respirar algo de aire fresco. Por ejemplo, deja este libro y vete fuera. Sólo dos minutos.

Equilibrio de diseño

> ELEMENTO DE DISEÑO #5:
> TEN SIEMPRE ACCESO AL AIRE FRESCO

#6 ELIGE TU EMPLAZAMIENTO FAVORITO

JORDAN MILNE

En muchos negocios, sobre todo en las agencias inmobiliarias y los establecimientos de venta al detalle, hace tiempo que el emplazamiento es clave. Pero las cosas han evolucionado en los últimos 10 años y es probable que este tópico ya no sea cierto para los emprendedores en general.

Muchos emprendedores ambiciosos sienten, claro está, la presión para trasladarse a uno de los principales centros de negocio del mundo, incentivados por la idea de que es en estos lugares y sólo en ellos donde pueden extraer la inspiración, el capital y los contactos que necesitan para triunfar a lo grande. Pero la realidad es que ya no necesitamos vivir en Silicon Valley, Nueva York, Londres o Tokio para tener buenas probabilidades de éxito. Las reglas que una vez hicieron que esto fuera así ya no son aplicables. Trasladarse a una meca de los negocios es genial, siempre que estemos seguros de que vamos a disfrutar de la experiencia, pero ya no es necesario sacrificar nuestro hogar y lugar para tener éxito en los negocios.

Aunque estos centros de negocio tradicionales tienen sus ventajas, también tienen muchos inconvenientes. En teoría, montar una compañía de Internet en Silicon Valley te da un acceso más fácil a los inversores de alto calibre, pero el panorama es también mucho más competitivo. ¿Tienes intención de montar una oficina en Nueva York? Aunque esto pueda acercarte a una fuente de talento, también pagarás una prima por hacerlo. Hay innumerables ejemplos de empresas florecientes que empezaron en ciudades relativamente desconocidas.

Corydon (Indiana), Haiku (Hawái) y Pendergrass (Georgia) son la sede de tres de las empresas privadas de más rápido crecimiento de Estados Unidos: Appliance Zone, detallista de electrodomésticos, Rising Sun, productor de células fotovoltaicas, y Signature Foods, empresa de envasado de alimentos congelados. Hoy, más que nunca, es posible trabajar en cualquier lugar que elijamos.

Jake Nickell, fundador de Threadless, sabe qué busca en una ciudad y no teme que su familia y su pasión por el *snowboard* sean una prioridad cuando decide dónde vive, mientras dirige su revolucionaria empresa.

Jake es un hombre feliz. A primera vista parece más un chaval que un veterano CEO, pero su aspecto es un reflejo tanto de su modo de vida como del hecho de que sólo tiene apenas 30 años. Es enjuto y nervudo, tiene el pelo rubio y alborotado y es reservado y cortés, pero habla con mucha franqueza, como alguien que no tiene nada que ocultar.

Normalmente, trabaja menos de ocho horas al día y vive con su esposa y su hija en Boulder, Colorado, una ciudad famosa por su vibrante modo de vida y sus estupendas actividades al aire libre.

Le encanta salir, disfrutar del aire fresco y de todo lo que Boulder ofrece. Si llamas a su despacho por la tarde, te puedes encontrar con que Jake está fuera trazando giros perfectos en la nieve en polvo recién caída, mientras desciende por la montaña en su *snowboard*. La familia es muy importante para él, así que se ha creado un modo de vida donde pueda dedicarse a ella.

No es tan difícil como podría parecer. ¿Alguna vez has tenido ganas de desarraigarte y trasladarte a la ciudad perfecta, pero has temido que tu negocio se hundiera si lo hicieras? Jake se mudó de Chicago, donde está la central de Threadless, a Boulder, Colorado, porque prefería su estilo de vida y quería criar a sus hijos allí. Toda una decisión para alguien que dirige una empresa de muchos millones de dólares. También cree que el cambio es el responsable de mucha de su felicidad. Ha permitido que sus hijos crezcan en un ambiente divertido y seguro y que él esté cerca de pistas de esquí y senderos.

¿Cómo se las ha arreglado para crearse ese estilo de vida ideal? Jake es un ejemplo estupendo de alguien que usa todas las herramientas de que dispone para dirigir su oficina satélite con éxito.

Aunque Boulder está haciéndose un nombre como centro de innovación, Jake se trasladó allí cuando este movimiento estaba mucho menos desarrollado. Su presencia es ahora parte de ese movimiento y contribuye a la importancia cada vez mayor que tiene la ciudad en la comunidad empresarial.

Mitch Thrower, cofundador de The Active Network, conoce también la importancia de vivir en un lugar que te guste mucho.

Equilibrio de diseño

«Una de las claves del equilibrio y la felicidad es encontrar un lugar para vivir y trabajar que sea un sitio donde, realmente, quieras estar. Yo elegí La Jolla, en California, y luego construí una empresa aquí», nos dice Mitch.

Para él lo más importante es vivir en algún lugar con un tiempo estupendo y un acceso cómodo a las carreteras y al agua donde entrena: «Es el paraíso, y es estupendo tener un horario flexible, cuando sabes que siempre hace buen tiempo fuera y puedes encajar las sesiones de entrenamiento en cualquier momento».

Cuando decidas dónde vivir, ten en cuenta el panorama completo. Puedes construir una empresa de éxito casi en cualquier parte, así que toma tu decisión basándote en lo que es importante para ti, tanto personal como profesionalmente. ¿Para ti es prioritario estar con los amigos o la familia? ¿Quieres estar en el centro de un determinado ambiente? ¿Tal vez poder practicar las actividades que quieres es lo que te hará más feliz? Decide cuál es el lugar perfecto para ti, en vez de vivir donde crees que deberías.

Michael Bodekaer, emprendedor danés, lleva esta aspiración un paso más allá. Tras haber vivido en muchas partes diferentes del mundo, decidió que Bali era el mejor lugar para satisfacer su necesidad de sol, *kitesurf* y aventura. Después de trasladarse a la isla, quiso ofrecer a otros emprendedores la ocasión de probarlo.

Poco después nacía Project Getaway, una escapada de seis semanas para grupos de entre 10 y 20 emprendedores, para que puedan pasarlo bien juntos al tiempo que lanzan empresas emergentes, cómodamente sentados en tumbonas de playa, saboreando bebidas tropicales.

Se podría pensar que vivir junto a la playa reduciría la productividad de Michael. Pero no es así. Él y sus colegas de Getaway han lanzado varias nuevas compañías, además de crear nuevas asociaciones empresariales con hombres de negocios indonesios locales.

Jake, Mitch y Michael son ejemplos claros de lo flexible que puede ser tu emplazamiento cuando se trata del éxito empresarial. Así que si hay algún lugar en el que siempre has querido vivir, pero en el que pensabas que tu empresa no podría sobrevivir, replantéatelo de nuevo. Vivir en un sitio que te entusiasma y te hace feliz es bueno también para el negocio.

ELEMENTO DE DISEÑO #6:

VIVE EN ALGÚN LUGAR QUE TE ENTUSIASME

#7 Consigue masa crítica

Martin Bjergegaard

El primer artículo de este libro se llamaba «Monta tu rueda» y aconsejaba unirse a grandes cofundadores, en lugar de tratar de hacer las cosas solo. Se trata de un mensaje que transmito dondequiera que hablo del espíritu emprendedor; no obstante, con frecuencia recibo una respuesta como ésta: «Pero es muy difícil reunir el equipo acertado y hacer que funcione día tras día; explícame algo más sobre cómo hacerlo». Este artículo y los dos siguientes amplían el tema de los cofundadores, el cual hemos acabado creyendo que es el factor más importante para llegar a ganar sin tener que perder.

Imagina que estás pensando en poner en marcha una nueva compañía dentro de una semana. Haz una lista de posibles cofundadores; personas en las que confías, con las que compartes valores y que tienen las competencias adecuadas. Personas a las que crees que podrás convencer para que dejen su actual empleo y formen una nueva compañía y sociedad.

¿Cuán larga es tu lista?

Según Wikipedia, Facebook y Twitter, se produce una masa crítica cuando tienes los suficientes usuarios para que participar sea a la vez divertido y útil. Cuando se trata de cofundadores, se alcanza la masa crítica cuando reúnes suficientes candidatos cualificados para crear un equipo ganador. Una lista con treinta nombres es mejor que otra con tres, y puede que necesites que haya por lo menos diez candidatos en la lista antes de poder reclutar siquiera uno o dos. Con frecuencia, el porcentaje de éxito es tan bajo como el de vender suscripciones a revistas, así que tendrás que hacer muchas llamadas.

Si eres soltero y quieres tener novia o novio, ¿cómo aumentas tus posibilidades de que te toque la lotería? Saliendo, yendo a fiestas, abriendo una cuenta de citas *online*, sonriendo a los que te interesan, hablando, riendo e interactuando. Los cofundadores se encuentran de la misma manera. Excepto que en este caso puedes cambiar las fiestas por reuniones para establecer contactos y la cuenta de citas *online* se convierte en tiempo pasado en blogs y foros. La chispa en los ojos es sustituida por apretones de mano enérgicos y la sonrisa se ajusta diez grados y pasa de misteriosa a digna de confianza. No obstante, al final todo se reduce a darte a conocer por ahí.

Incluso los tímidos acaban encontrando a su pareja y, del mismo modo que hay una pareja para toda la vida para cada persona, también hay un cofundador para cada emprendedor. Usa sólo el 10 por ciento de la energía que dedicarías normalmente a buscar una relación amorosa, y encontrarás a tus cofundadores antes de poder decir «¿Quieres empezar un negocio conmigo?»

Si te cuesta encontrar el tiempo que necesitas, te sientes rechazado o descubres que estás usando tácticas dilatorias, entonces infúndete una nueva energía recordándote que el cofundador adecuado es la clave para ganar sin tener que perder. El éxito económico y la libertad para disfrutarlo quizá no sean tan buenos como una familia que te quiera, pero siguen mereciendo que hagas un esfuerzo en serio.

> **ELEMENTO DE DISEÑO #7:**
> **ASEGÚRATE DE QUE TIENES SUFICIENTES PERSONAS DONDE ELEGIR PARA PODER RECLUTAR A TUS COFUNDADORES PERFECTOS**

#8 IDENTIFICA A TUS FUTUROS AMIGOS

MARTIN BJERGEGAARD

¿Con quién te gustaría pasar el tiempo más que con ninguna otra persona en el mundo? ¿Quién te revitaliza, saca lo mejor de ti y disfruta de tu confianza incondicional? Tus amigos y tu familia, ¿verdad?

¿Y qué es importante en una empresa emergente? Energía, confianza y trabajo en común para ir hacia una visión compartida. Es una pena que no podamos escoger a nuestros colegas en los negocios entre el mismo grupo de personas en el que elegiríamos a nuestros posibles amigos.

La relación con tu equipo en la empresa debe ser estrictamente profesional. Por supuesto, puedes ser cordial con ellos, pero en un compartimento realmente diferente de tu vida. ¿No es así? Pues no. Muchos de nuestros modelos de conducta han demostrado que elegir cofundadores y socios con el mismo criterio con que elegiríamos a nuestros amigos es un medio muy eficaz de hacer negocios.

En una empresa emergente disfrutas de una oportunidad única. Una oportunidad que muchos desearíamos: la ocasión de elegir a tus compañeros de trabajo. Acepta esta pizarra en blanco y sácale el máximo partido. Incluso si creas una empresa eficiente, pasarás mucho tiempo con tus cofundadores. Este tiempo, como cualquier otro, debería ser agradable.

¿Significa esto que tendrías que reclutar a tus cofundadores entre tus amigos más íntimos y tu familia? Quizá no, ya que hay mucho que perder si las cosas se tuercen. Pero elige lo que más se acerca: tus futuros amigos. Personas con las que te gustaría pasar el tiempo, aunque no tuvierais un proyecto de trabajo común.

La oportunidad de pasarlo bien mientras trabajáis juntos es mucho mayor si de verdad te gusta cada uno de los miembros de tu equipo. Lo mismo puede decirse de evitar desacuerdos y situaciones difíciles que acaban convirtiéndose en un conflicto y consumen un tiempo y una energía valiosos.

Chad y Markus, de Veritas Prep, son amigos personales. Disfrutan de la compañía mutua, comparten intereses y cada uno se alimenta del entusiasmo del otro. Bromean como amigos, porque eso es exactamente lo que son, igual que nosotros en Rainmaking. Es fácil reconocer las ventajas; nos enviamos correos electrónicos, mensajes de texto y nos llamamos como si fuéramos unas adolescentes. Pero en lugar de hablar del último corte de pelo de Justin Beaver, discutimos apasionadamente sobre retos y oportunidades en nuestras empresas y nos contamos anécdotas de nuestros esfuerzos diarios. Corremos juntos, viajamos juntos y lo compartimos todo. Esto forja y mantiene un nivel de confianza único entre nosotros, lo cual es, sin ninguna duda, el activo más importante de nuestra compañía.

Como dice Stephen Covey Junior en su éxito de ventas *El factor confianza: el valor que lo cambia todo*: «La confianza es lo único que apuntala y afecta a la cualidad de todas las relaciones, las comunicaciones, todos los proyectos profesionales, todas las empresas, todos los esfuerzos en los que participamos. Nada es tan rápido como la velocidad de la confianza, y sin confianza incluso las iniciativas mejor planeadas se quedan cortas».

Así pues, identifica a tus futuros amigos, conviértelos en socios de tu empresa, y no sólo te irá mejor, sino que te aseguro que el camino estará mucho más libre de obstáculos y será mucho más agradable que para esos emprendedores desafortunados que se relacionan cada día con cofundadores y colegas que, en verdad, no les caen bien.

> **ELEMENTO DE DISEÑO #8:**
> **ELIGE COFUNDADORES QUE TE CAIGAN BIEN DE VERDAD**

#9 VE A POR TODAS

MARTIN BJERGEGAARD

Cuando le preguntamos a los que solicitan entrar en Startupbootcamp, nuestro programa acelerador de tres meses de duración, sobre sus equipos fundadores, con frecuencia nos dan esta respuesta: «Estamos Ben y yo a tiempo completo, luego está Jenny que nos ayuda a tiempo parcial hasta que consigamos financiación para que pueda dejar su empleo».

Por supuesto, Jenny tiene sus razones: un alquiler que pagar, una familia que necesita comida en la mesa. Podría decirse que es de verdad muy admirable que trabaje gratis para una empresa emergente en su tiempo libre…, ¿o no?

Cuando algunos miembros de un grupo de fundadores no han dado el salto con todas sus consecuencias, el equipo se debilita. Para algunos, el proyecto es «a vida o muerte», mientras que, para otros, es un proyecto secundario que se puede dejar con relativamente pocos costes, salvo unas cuantas horas perdidas por la noche. Esta desigualdad puede reconocerse mediante una participación diferente en el capital, pero esto no hace que el equipo esté más unido ni sea más eficaz. Mientras haya alguien que no participe «del todo» es probable que no se alcance un buen equilibrio para nadie.

Hay una razón para haberle pedido a Jenny que sea una cofundadora. Tiene conocimientos que son esenciales para la

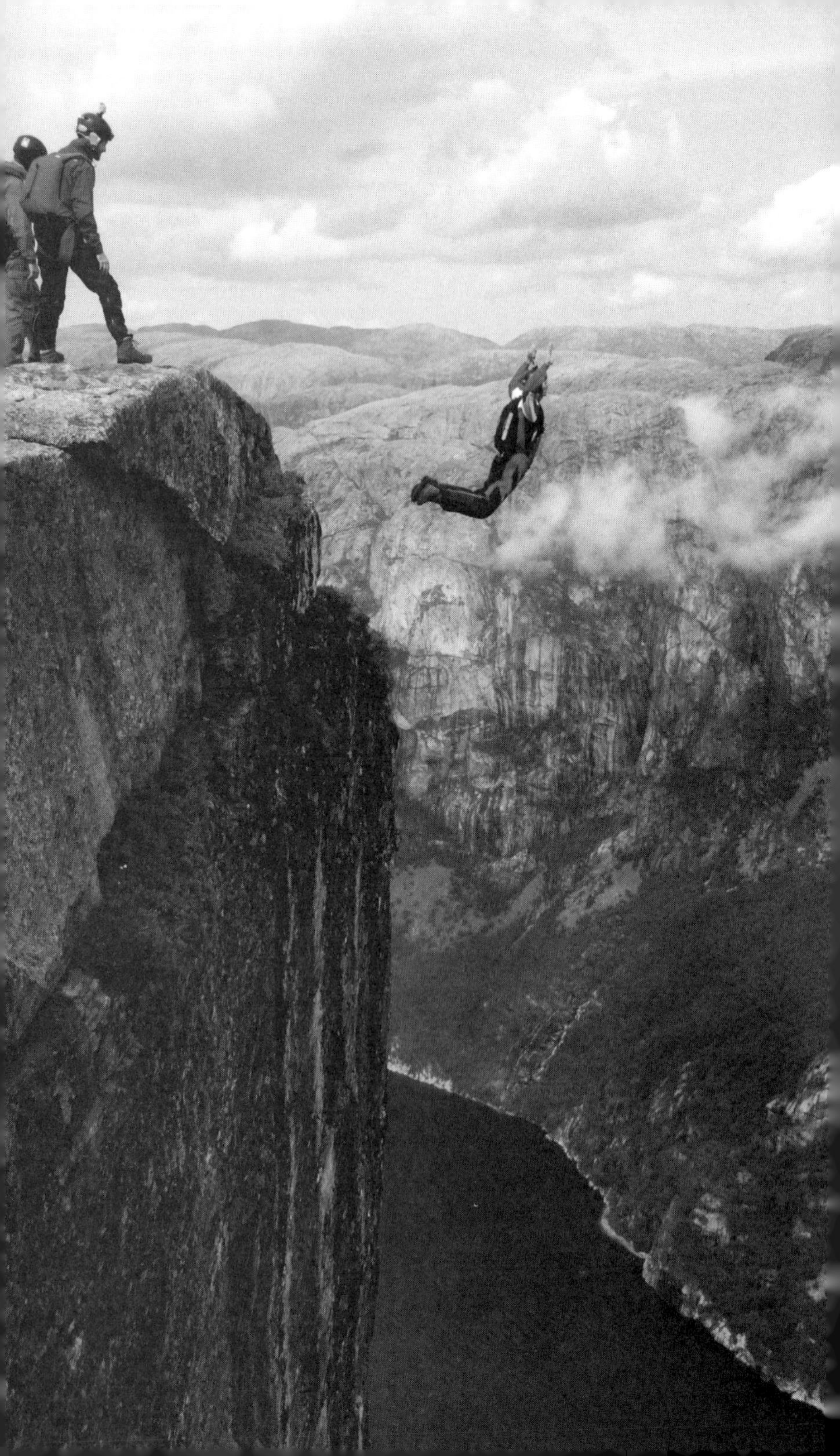

nueva empresa. Pero mientras sólo esté allí por la tarde y los fines de semana, estos conocimientos se expresarán meramente como una sombra de lo que podrían ser si Jenny se sentara junto a sus cofundadores en las horas más productivas del día.

Incluso más importante que perderse unas horas clave, es la distancia mental que la situación crea entre los miembros del equipo. Es difícil que una empresa emergente lo consiga si se basa en una jornada parcial, y casi imposible si sólo hay un compromiso mental parcial.

Por supuesto, puede ser necesario llegar a acuerdos. Pero deben ser tan limitados como sea posible. Cuando pusimos en marcha Rainmaking, tres de nosotros nos comprometimos totalmente desde el primer día, mientras que el cuarto socio, Morten B, necesitaba tres meses para liquidar su trabajo en el bufete de una manera aceptable. Desde el principio, acordamos que estaba bien, pero también que el acuerdo quedaba limitado a esos tres meses, y que la transición a jornada completa no estaba condicionada por nada más que el tiempo. No había ninguna salvedad sobre que la financiación tenía que encajar, que un cierto número de clientes tenían que firmar o que un producto tenía que estar acabado. El propio Morten era el más consciente de que debía asumir exactamente el mismo riesgo que el resto de nosotros, sin condiciones.

Aunque el periodo en que Morten tenía dos empleos sólo duró unos meses, su tensión arterial llegó a alcanzar un valor de 92 en reposo, antes de la fiesta de despedida de su bufete. Morten, que tenía 29 años y se entrenaba cinco veces a la semana, no creía que los problemas de salud tuvieran nada que ver con él. Pero el mensaje de su médico fue claro: «Tienes que calmarte un poco». Por fortuna, su ritmo cardiaco volvió a su habitual y ejemplar nivel en el momento en que redujo sus trabajos a sólo uno.

Del mismo modo y desde el principio, ha sido una norma clave de nuestro equipo fundador no dedicarnos a ninguna actividad profesional fuera de Rainmaking. No lo hacemos para frenarnos unos a otros, sino para asegurarnos de que siempre estamos al cien por cien en el mismo barco, compartiendo los mismos altibajos con la misma intensidad y que somos completamente iguales en nuestra asociación.

Conseguir un buen equilibrio en la vida, como emprendedor, es más fácil de lo que se podría pensar. Pero hay que hacer bien algunas cosas fundamentales. Por ejemplo, asegurarse de que el equipo fundador no sólo cuenta con todos los conocimientos necesarios, sino que, además, está entregado y es lo bastante accesible para que estas cualidades entren en juego, de forma plena y sistemática.

Pero ¿y el alquiler que hay que pagar? De acuerdo, puede ser difícil llevar a cabo la transición de empleado a emprendedor. Pero tienes que estar dispuesto a considerar medidas «radicales», como vender tu casa y trasladarte a un piso pequeño, pedirle dinero prestado a tus padres (pero, por favor, sólo si pueden permitirse perderlo), convertir todas tus vacaciones durante un año en excursiones en bicicleta o incluso dar tu coche a cambio de seis meses de alojamiento gratis. Lo que sea necesario para liberar tu espacio mental lo suficiente para hacer que tu empresa despegue.

En el póker es peligroso «jugárselo todo». Cuando pones en marcha una nueva empresa, es lo único sensato que se puede hacer.

> **ELEMENTO DE DISEÑO #9:**
> **ASEGÚRATE DE QUE TÚ Y TUS COFUNDADORES ECHÁIS EL RESTO**

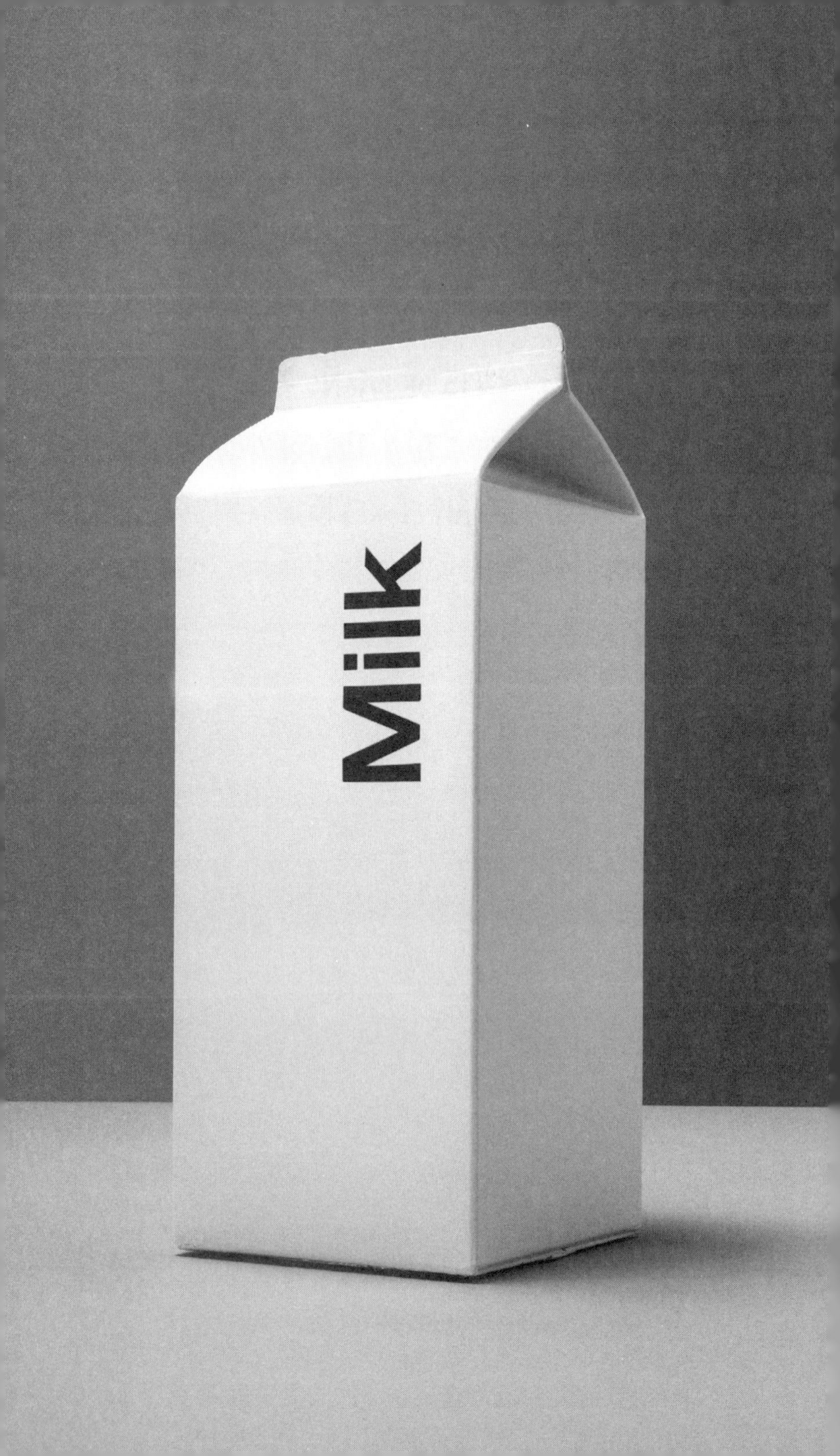
Milk

#10 No lo compliques

JORDAN MILNE

Cae la bola, que empuja una palanca, que hace girar una rueda, que choca con una ficha de dominó, que hace caer, una encima de otra, una sinuosa hilera de cientos de otras fichas. La última ficha cae en una balanza que, al inclinarse, se eleva y le da a un interruptor. Tarea completada.

Este tipo de secuencia de sucesos es típico de algo llamado máquina de Rube Goldberg, o si estás en el Reino Unidos, del ilustrador Heath Robinson. Los dos popularizaron unos aparatos enormemente complicados y, con frecuencia, cómicos, que realizaban sencillas tareas cotidianas. Aunque las máquinas de Rube y Heath, y las que ellos inspiraron, pueden ser un ejemplo extremo, muchas empresas se tambalean porque sus productos y servicios son demasiado complicados y no son lo que sus usuarios quieren.

¿Te has preguntado alguna vez por qué, muy a menudo, ves una idea que tiene un enorme éxito y te dices: «Se me podría haber ocurrido a mí»? Eso es lo que muchos sienten respecto a empresas como eBay, Amazon, Dell, Wikipedia, Twitter. La lista es interminable. En gran medida, se debe al hecho de que, en su raíz, todas son ideas muy simples. Así pues, ¿por qué tantas empresas descarrilan? ¿Cómo se complican tanto las cosas? Una posibilidad puede ser que estemos simplemente intentando ser demasiado listos.

Una empresa que cayó víctima de esta trampa fue Boo.com. Boo era una compañía británica de Internet, de alto nivel, que apareció en escena a finales de la década de 1990, efectuando, finalmente, su muy anunciado lanzamiento en el otoño de 1999. Detallista de moda *online*, Boo estaba dirigida por tres suecos: Ernst Malmsten, Kajsa Leander y Patrik Hedelin. La compañía se lanzó, arrolladora, con 135 millones de dólares de financiación de capital riesgo, sólo para declararse en quiebra el 18 de mayo de 2000. Fue liquidada apenas 18 meses después de su comienzo. Sin duda, en parte, su desaparición puede achacarse al ambiente económico, pero también había en juego otro factor importante: Boo no era sencilla. Era complicada.

Inicialmente, los fundadores planeaban gastar 40 millones de dólares y efectuar el lanzamiento en tres meses, con 30 empleados. Estos planes cambiaron rápidamente. Boo contrató a los mejores expertos para que idearan una estrategia y, para cuando entró en funcionamiento, con un retraso de varios meses, su ágil equipo estaba compuesto por nada menos que 400 personas. Para entonces, también habían gastado más de cuatro veces su inversión inicial. El portal tenía una avanzada tecnología *flash* que tardaba varios minutos en cargarse, dejando a los usuarios frustrados mientras unos avatares caprichosos dirigían su experiencia de compra. Todo esto antes de haber ganado ni siquiera un centavo. Las cosas se habían vuelto complicadas.

Escucha ahora una historia diferente. En Vancouver, Canadá, en un pequeño piso de una sola habitación, un modesto joven de 24 años teclea en su ordenador. Está tratando de aprender el lenguaje de programación ASP.NET. Después

Equilibrio de diseño

de pensarlo un poco, decide que la mejor manera es crear una sencilla página web de citas. La página que construye es rudimentaria. Nada de parafernalia, sólo lo básico. Lo suficiente para que él aprenda y para que sea funcional. La página web entra en funcionamiento poco después de construida y los usuarios acuden en tropel. El joven de 24 años instala algunos *banners* sencillos y un programa afiliado para conseguir ingresos y capitalizar el tráfico que ha descubierto. Hace que la página web sea, en gran medida, autosuficiente y sólo se dedica a ella entre 10 y 20 horas a la semana. Se pone cómodo y deja que el dinero vaya entrando, modificando la página sólo cuando encuentra un modo más directo de abordar algún problema que se haya presentado.

El nombre del joven es Markus Frind. Su empresa: PlentyofFish.com. Con 5,3 millones de visitas, sólo en febrero de 2011, según Compete.com, es el portal de citas número uno, tanto en Canadá como en el Reino Unido. La situación financiera del portal es brillante. Se calcula que los ingresos anuales superan los 10 millones de dólares. Quizá lo más chocante sea el hecho de que Markus ha llevado su empresa él solo durante la mayor parte de su existencia y ahora sólo cuenta con un puñado de empleados. Incluso más desconcertante es que, pese a llevar la empresa mayormente él mismo, tener un portal con sólo lo mínimo y usar los generadores de ingresos más simples que hay, Markus ha superado en resultados a otros portales con cientos de empleados y presupuestos enormes. La compañía es floreciente y recientemente entró en la cultura *pop* al aparecer en uno de los vídeos musicales de Lady Gaga.

¿Cómo lo hizo? No complicó las cosas. Cuando descubrió un medio que funcionaba, lo dejó tal cual. Markus sólo buscaba ayudar a sus usuarios del modo más sencillo posible. **Había descubierto que la simplicidad era eficacia.**

A unas horas de distancia, en la costa del Pacífico, al otro lado de la frontera con Estados Unidos, vive un hombre llamado Craig Newmark. Ocho años antes de PlentyofFish, sucedió una historia parecida. Craig no llevaba mucho tiempo viviendo en San Francisco y quería crear un servicio de publicación de actividades sociales amistosas. Así que creó una sencilla lista de direcciones con actividades de entretenimiento. Pronto otros contribuyeron a la lista, que creció para incluir más categorías. La lista aumentó como una bola de nieve y continuamente se iban uniendo más suscriptores. Las personas que la usaban le preguntaron a Craig si podía crear una página web que sustituyera a la lista. Como lo que le interesaba era ayudar a los demás, les dio lo que querían: una página sencilla para publicar acontecimientos, trabajos y un puñado de otras categorías. Lo que empezó en un modesto piso del distrito de Sunset, en San Francisco, se convirtió rápidamente en uno de los mayores fenómenos de Internet en el mundo: Craigslist.

Craiglist tiene ahora 20.000 millones de visitas al mes, según Alexa.com, es el décimo portal más popular de Estados Unidos y el número 37 en el mundo. Está presente en 570 ciudades y 50 países. Aunque oficialmente no es una organización con fines de lucro, se ha informado de que los ingresos de Craigslist están por encima de los 150 millones de dólares. Todo esto sólo con 32 empleados.

Sin duda, un portal así debe de ser muy avanzado. ¿El diseño más nuevo e innovador respaldado por la última tecnología?

Lejos de ello. Craigslist es toda una anomalía en el mundo empresarial. El diseño minimalista de su página web ha permanecido casi sin cambios desde su nacimiento y es uno de los más sencillos de Internet.

Así pues, empieza por elegir algo simple. Lo sencillo funciona. No sólo es más fácil de poner en práctica, sino que suele ser más eficaz. La próxima vez que sientas el impulso de pasarte de listo, dedícate al sudoku o apúntate a una clase nocturna de filosofía, sácate ese impulso de encima y luego vuelve al trabajo y, sencillamente, ayuda a tus clientes.

ELEMENTO DE DISEÑO #10:
HAZ UN PRODUCTO SIMPLE, CREA UNA COMPAÑÍA SIMPLE Y TEN IDEAS SIMPLES

UNA NUEVA MENTALIDAD

→ 10 IDEAS PARA UNA MEJOR CALIDAD DE VIDA

La mente es una herramienta poderosa. Si crees que puedes alcanzar una meta, es muy probable que tengas razón. Si, en cambio, estás seguro de no conseguirlo, bueno pues también tienes razón.

Para buscar la dualidad óptima que describíamos en la introducción, tendremos que estar en el estado de ánimo adecuado. Tenemos que apartarnos del miedo. Miedo a no acertar, miedo a no ser lo bastante buenos. Estas preocupaciones no harán más que agotar nuestra energía. Lo que tenemos que hacer, en cambio, como no tardaremos en explicar, es empezar a buscar cosas buenas, organizar nuestra vida para tener el máximo posible de experiencias de «flujo» y ver la autodisciplina bajo una luz mucho más brillante. Cree que puedes tenerlo todo: equilibrio y éxito. Las siguientes 10 propuestas te mostrarán cómo optimizar tu modo de pensar.

«Si puedes soñarlo, puedes hacerlo.»
WALT DISNEY

#1 NO VIVAS UNA VIDA DIFERIDA

JORDAN MILNE

«La llevaré al cine en cuanto acabe esta ronda de recaudación de fondos», «Retomaré mi programa de ejercicios cuando acabe el plazo de solicitudes, la semana que viene», «Las cosas son un auténtico caos este año, pero el año que viene será diferente», «Por ahora no tengo más remedio que trabajar duro. Todo esto nos compensará cuando vendamos; entonces me tomaré el tiempo para disfrutar de la vida de verdad», «Me tomaré más vacaciones cuando me retire».

¿Te suena familiar?

Vivir una vida diferida puede significar cosas diferentes para personas diferentes, pero la esencia, la verdadera constante, es que renunciamos a cosas que querríamos hacer en el presente. Las dejamos para más tarde.

No cojas el camino de una «vida diferida». Pásalo bien todo el tiempo. Cuanto más aplaces cosas que realmente quieres hacer, mayor debe ser la compensación esperada. Si sacrificas la totalidad de tus veinte y tus treinta años, la compensación debe ser enorme. Es una manera peligrosa y frustrante de vivir la vida. Una vida diferida acumula resentimiento. Quizá no hoy, quizá no mañana, pero sí con el tiempo.

Ganar, sin tener que perder

Randy Komisar es un socio de Kleiner Perkins Caufield & Byers, peso pesado del capital riesgo, que ha ayudado a construir empresas como Amazon, Google, Intuit, Genentech y Sun. Situada en la tristemente famosa Sand Hill Road, de Silicon Valley, KPCB es uno de los fondos de capital riesgo más poderosos del mundo. Además recientemente han unido fuerzas con Generation Investment, el fondo «verde» de inversiones de Al Gore. Innumerables emprendedores luchan por conseguir su atención diariamente. Es una oportunidad para que los respalden los mejores.

La manera en que Randy lo expresó cuando habló en Stanford es la mejor descripción que he oído respecto a una vida diferida:

«El concepto de vida diferida es posponer lo que de verdad quieres ahora mismo porque crees que lo que tienes que hacer hoy es lo que se espera de ti. No es la idea de no pagar tus deudas o no trabajar duro para sentar los cimientos del éxito. Son dos ideas diferentes. Es importante comprender que lo que se difiere es la pasión. Lo que se difiere es el entusiasmo, la emoción. La integración de lo que estás haciendo con lo que te importa».

En su libro *The Monk and The Riddle* [El monje y el acertijo], Randy ha condensado el clásico plan de vida diferida en dos etapas. Explica: «Primero haces lo que tienes que hacer. Luego, con suerte, haces lo que quieres hacer. El problema de este plan es que, con frecuencia, los pocos que, finalmente, llegan a la segunda etapa, no saben para entonces qué quieren hacer de verdad».

Una nueva mentalidad

Randy distingue entre impulso y pasión: «La pasión te atrae hacia algo a lo que no te puedes resistir. El impulso te lleva hacia algo que te sientes obligado o forzado a hacer».

Randy nos habla de su propio momento de revelación. Le llegó sólo después de años de práctica espiritual y autoexamen. Dice: «Empecé a prestar atención. Tenía éxito según todos los criterios, menos el mío. Cada nuevo triunfo duraba poco y, al final, me dejaba insatisfecho. Repasé mi vida y tomé nota de las veces en que había sentido una pasión y una satisfacción reales. Comprendí que la variedad, la creatividad, las ideas y trabajar con una tela en blanco me importaban más que los títulos o el salario. Salté del ascensor que me llevaba a lo más alto, esperando una caída libre, pero encontré alas. Empecé a fijar mis propias expectativas, mis propios estándares, expresé mis propios valores. Me sorprendió ver que funcionaba. Podía integrar quién era con lo que hacía lo suficiente como para pasar desde el "Plan de vida diferida" al "Plan de vida completa". Me gustaría haber tenido la suficiente confianza para hacerlo años antes».

Cuando asumió el riesgo, descubrió que sus pasiones se entretejían hasta tal punto con lo que hacía que ya no parecía trabajo.

Llámalo como quieras: vivir el momento o apreciar el viaje, pero asegúrate de que la respuesta a «¿Disfrutaré del proceso?» pesa en tu decisión. La vida no es un único balance donde el veredicto final es el dinero. **Tus experiencias son donde todo empieza y acaba, así que recoge tantas como puedas.** Se trata de tener ambas cosas. Tómate el tiempo para vivir tu vida ahora. Los momentos diferidos tienen como resultado una vida diferida. Como nos recuerda Randy Komisar, «El viaje es la recompensa. No hay nada más.»

> **POTENCIADOR DE LA CALIDAD DE VIDA #1:**
> **HAZ YA LO QUE SIEMPRE HAS QUERIDO HACER**

#2 BUSCA LAS COSAS BUENAS

JORDAN MILNE

Cuando era joven, mi familia vivía cerca de mi escuela. Cada mañana, cogía el almuerzo y luego salía y emprendía el corto paseo hasta donde estaba mi colegio. Y, cada día, al llegar a la cima de la colina de enfrente de casa, miraba atrás y le decía adiós a mi madre. Hasta donde puedo recordar, ella esperaba fuera, en el porche, hasta que yo llegaba a la cima y me decía adiós con la mano. Mi otro recuerdo claro de aquellas mañanas era lo que mi madre me decía cada día al marcharme. Me miraba alegremente y decía: «Busca las cosas buenas». Esta frase arraigó con tanta fuerza en mi cabeza que hasta el día de hoy sigo oyéndola con claridad en el mismo tono con el que ella la decía tantos años atrás. Hizo tanto efecto en mí que sigo llevándola conmigo dondequiera que vaya.

En una empresa emergente siempre hay cosas que hacer. Conseguir nuevos clientes, preparar el lanzamiento de productos, dirigir a los miembros del equipo, complacer a los miembros del consejo y apagar incendios.

En un ambiente así, es fácil ver qué se puede mejorar. Aunque es útil contar con un ojo crítico alimentado por una sana dosis de ambición, muchos caen en la trampa de estar perpetuamente descontentos y nunca satisfechos con el estado de sus asuntos. Es sabido que en una empresa que empieza las cosas estarán en un estado de flujo. Es algo natural. Es en tu propio beneficio que te acostumbres a centrarte en lo bueno. En lugar de pasearte fijándote en «¿Qué está mal?» prueba a fijarte en «¿Qué está bien?»

En el camino para alcanzar y conservar tanto el éxito como la felicidad, adoptar la actitud de buscar las cosas buenas es de ayuda en ambos frentes. Ser optimista no sólo afecta al estado de ánimo, a los niveles de estrés y a la felicidad en general, sino que las investigaciones han demostrado, una y otra vez, que lo que creemos que sucederá tiene, de hecho, el poder de influir en la realidad.

Ya en 1968, Rosenthal y Jacobson informaron de que se había confirmado que las expectativas influyen directamente en los resultados; se referían a este fenómeno de autocumplimiento como el «efecto Pigmalión», un término extraído de Ovidio, poeta de la antigua Roma.

La realidad del efecto Pigmalión se puede ver y utilizar cada día en el mundo de la empresa. Por ejemplo, si se rumorea o se espera que un banco quiebre, la gente sacará su dinero de allí y la profecía se cumplirá. A un nivel más personal, las investigaciones han demostrado que, si esperas que tus socios en el negocio rindan a un nivel alto, por lo general mejorarán para satisfacer tus expectativas.

Como dijo John Steinbeck, el escritor estadounidense: «La naturaleza del hombre es alcanzar la grandeza cuando de él se espera la grandeza».

Una nueva mentalidad

Esto no quiere decir que no podamos tratar de mejorar las cosas. Debemos hacerlo. Pero si buscamos las cosas buenas, quizá descubramos más de ellas de lo que pensamos.

La mayoría de las personas tiene la costumbre de darse cuenta de cuándo los que les rodean cometen errores y se apresuran a señalárselo. Como nos enseñan Kenneth Blanchard y Spencer Johnson en su éxito de ventas internacional *El ejecutivo al minuto*, podemos darle la vuelta a esta tendencia y tratar de «pillar a alguien haciendo algo bien». Cuando lo hagamos, demostrémosle nuestro reconocimiento. Este planteamiento, aunque parezca contrario al sentido común, puede potenciar tanto nuestra eficacia como nuestra felicidad (y la de todos los demás).

> **POTENCIADOR DE LA CALIDAD DE VIDA #2:**
> **OBSERVA Y APRECIA TODO LO QUE HA IDO BIEN HOY**

#3 TEN UN HIJO, O HAZ COMO SI LO TUVIERAS

JORDAN MILNE

Ya hemos mencionado a Caterina Fake y Flick'r anteriormente, pero echemos una mirada más de cerca. Lanzada en 2004, Flick'r permite que millones de usuarios organicen y compartan sus fotografías y vídeos. Caterina y su cofundador Stewart Butterfield convirtieron el portal en una empresa de gran éxito y, para septiembre de 2010, Flick'r albergaba más de 5.000 millones de imágenes de usuarios de todo el mundo. Ante el rápido ascenso del portal a la categoría de fenómeno de Internet, Yahoo ofreció comprarlo. Los esfuerzos de Yahoo acabaron por dar resultado, y Caterina y Stewart vendieron la empresa en marzo de 2005. Habían hecho lo que muchos sólo sueñan: vendieron su empresa por una suma enorme, justo 13 meses después del lanzamiento. *Time Magazine* nombró a Caterina una de las «100 personas más influyentes del año»; además, apareció en la portada de *Newsweek*.

El éxito de Caterina como emprendedora es incuestionable, pero el dinero no es su principal motivación. Reconoce el auténtico valor del equilibrio trabajo-vida, un equilibrio que no siempre estuvo presente en sus trabajos anteriores. Chris Dixon, su socio en su nueva empresa, ha tenido experiencias similares.

«En nuestras primeras empresas emergentes pasamos mucho tiempo "histéricos" y no éramos hábiles en nuestro uso del tiempo. De haber trabajado mejor, diría que podríamos haber logrado lo mismo en 45 horas a la semana que lo que conseguimos en 60 o 70 horas. Según mi experiencia, lo mismo le sucede a la mayoría», dice Caterina.

El equilibrio es una prioridad para Caterina, que cree que ha encontrado su propia fórmula.

«Estoy tratando de aplicar a mis nuevas empresas las lecciones que aprendí cuando creaba Flick'r. En gran medida, esto está motivado por la necesidad. Ahora tengo una hija de tres años, que lo cambia todo. Mi tiempo de trabajo no se puede prolongar indefinidamente, como sucedía antes. Pero, de alguna manera, me las arreglo para hacer la misma cantidad de trabajo.»

Para la mayoría de padres, sus hijos son una prioridad. Si tienes hijos, ponlos en lo más alto de tu lista. Si no los tienes, haz como si los tuvieras. En otras palabras, dale a todas las demás cosas importantes de tu vida (las cosas de las que dependes para tu equilibrio) la atención que les darías si fueran tus hijos. Defiende el tiempo que quieres dedicarles como si fueras su padre o su madre.

Por ejemplo: ¿te encanta jugar a ping-pong y crees que es importante para tu equilibrio, pero no tienes suficiente tiempo para practicar? Conviértelo en tu hijo. Y sobre todo, nunca te avergüences de tu «hijo». No digas, cohibido, que te escapas para hacer más trabajo o que tienes una «urgencia familiar». Proclama orgullosamente que te vas a jugar a ping-pong y deja que todo el mundo se entere.

Hace falta valor para enfrentarse a las convenciones, pero tus críticos se convertirán, gradualmente, en tus seguidores cuando vean que jugar a ping-pong hace, realmente, que seas más feliz y más productivo a la vez.

En lugar de tener el equilibrio como una meta vaga, haz que forme parte de tu programa y préstale toda la atención que merece. Cuando tienes hijos, tienes que irte a casa para cuidar de ellos. Trata tu equilibrio con la misma dedicación que tratarías a un niño. No te sientas mal al decir que tienes que reunirte con unos amigos para cenar. Es así. Hacerlo es lo que mantiene tu rendimiento al máximo.

POTENCIADOR DE LA CALIDAD DE VIDA #3:

DEFIENDE TU EQUILIBRIO

#4 Siente el fluir en casa

MARTIN BJERGEGAARD

Seamos sinceros: cuando nos apasiona realmente un proyecto en el trabajo, a muchos nos resulta más fácil entregarnos a él que a nuestras actividades domésticas y de nuestro tiempo libre. Nos da más energía planear el lanzamiento de un producto que cambiar unos pañales. Es más fácil permanecer presente en la reunión con los inversores que durante la cena. Nuestros hijos viven una versión menos entusiasta de nosotros que nuestros clientes. Si no estamos alerta, esto puede ser un riesgo grave para los que amamos nuestro trabajo. Los modelos de conducta a los que hemos entrevistado para este libro eran todos muy conscientes de este problema. Para ellos, no es suficiente estar plenamente presente en una parte de su vida. Se esfuerzan por alcanzar la plena consciencia y el disfrute en todos los ámbitos de su existencia.

Henning Daverne, al que mencionábamos anteriormente, tiene una estrategia para tener éxito en este campo. Se trata del fluir. Fluir es cuando el tiempo y el espacio dejan de existir, cuando estás centrado al cien por cien en lo que tienes delante, cuando no quieres ir a ningún otro sitio ni pensar en nada más. Fluir es un estado maravilloso. Por lo general, hay tres condiciones previas que nos permiten entrar en estado de flujo.

– La tarea es significativa para nosotros.

- Nuestros conocimientos están en equilibrio con el reto del problema que hay que resolver.
- Hay metas claras y una satisfacción inmediata en completar la tarea.

En los últimos años hemos avanzado en la creación de estructuras para experimentar el flujo al trabajar. Esto es especialmente cierto de los emprendedores, ya que hemos elegido nuestra propia misión y las personas con las que la realizaremos. Pero ¿qué hay de nuestra vida personal?

Dentro de la familia suele ser difícil ponerse de acuerdo en algo que todos quieran hacer. Tu hijo quiere jugar y tú quieres cocinar. Con frecuencia, es difícil determinar el interés de la actividad. A ti, jugar con muñecas Barbie puede parecerte aburrido y, para gran descontento de tu hija, tus pensamientos se desvían hacia tu bandeja de entrada. Hay otra manera. Piensa en uno de aquellos días, cuando te trasladaste, te cuidaste de todo el jardín, pintaste la casa, planeaste las vacaciones, construiste una casa de juguete, hiciste una ciudad completa de LEGO o preparaste una barbacoa para todos tus vecinos.

Piensa en una ocasión en que tú y tu familia o tus amigos estabais todos milagrosamente ocupados en el mismo empeño, todos totalmente de acuerdo sobre cuál era el objetivo, y todos teníais cometidos que suponían un reto, pero que cada uno de vosotros podía cumplir. Era fantástico, ¿verdad? Creó una experiencia común, de la que habéis hablado con frecuencia desde entonces, y que todos valoráis, pese a que quizá no esté claro el cómo y el porqué sucedió. Vuelve a mirar las tres condiciones previas y mira si ahora está más claro.

Una nueva mentalidad

Al incorporar el fluir a nuestra vida personal, podemos crear conscientemente más experiencias divertidas significativas y de afirmación vital. Si nos centramos un poco y hacemos un esfuerzo decidido para vencer la inercia, podemos poner en marcha experiencias únicas compartidas para nuestra familia, nuestros amigos y nosotros mismos. ¿Te parece, como a mí, que tienes algunas amistades que se han convertido en rutinarias? Toma la decisión de que la próxima vez que os encontréis sea en torno a una experiencia común del fluir. Prueba a hacer una excursión en bicicleta de tres días, ir a pescar, caminar 100 kilómetros en un fin de semana o quizás aprender a navegar en kayak.

Sí lo único de lo que de verdad disfrutamos es de nuestro trabajo, es fácil que nos quedemos atascados en él mucho más de lo óptimo para nuestra eficacia y nuestra felicidad. Al hacer que nuestro tiempo libre sea tan gratificante como nuestra jornada laboral, evitamos automáticamente caer en la trampa.

**POTENCIADOR DE LA CALIDAD DE VIDA #4:
CREA EL FLUIR ESTABLECIENDO METAS Y RETOS COMPARTIDOS EN TU VIDA PRIVADA**

#5 DEVUELVE ALGO A LA SOCIEDAD, TOMA PERSPECTIVA

JORDAN MILNE

En la primavera de 2009, se celebró una cena en Nueva York, por iniciativa de los dos hombres más ricos de Estados Unidos —Bill Gates y Warren Buffet— y ofrecida por el famoso David Rockefeller Jr. La lista de invitados era corta, pero todos los asistentes tenían una cosa en común: todos tenían miles de millones de dólares. Durante el año siguiente, se celebraron una serie de cenas exclusivas en varios lugares, por todo Estados Unidos, todas ellas con Bill Gates y Warren Buffet como anfitriones. Entre los invitados había pesos pesados de los negocios, la política y el entretenimiento, como Baron Hilton, Oprah Winfrey, Michael Bloomberg, Ted Turner, George Lucas, Mark Zuckerberg y Jim Simons (catalogado como «el multimillonario más inteligente del mundo» por *The Financial Times*»). Y la lista de invitados sólo era la punta del iceberg.

Lo que pasaba detrás de aquellas puertas cerradas era el tema de muchas especulaciones. ¿Se estaba estableciendo un nuevo orden mundial? ¿Qué podían estar maquinando aquellas personas con tanto poder, influencia y riqueza?

No obstante, lo que al final se reveló fue algo totalmente inesperado.

Aquellos multimillonarios sí que estaban ideando un plan. No obstante, no era un plan para el dominio del mundo, sino para la donación de su dinero a obras benéficas y para encontrar el método óptimo para convencer a otros de que hicieran lo mismo.

El plan era una iniciativa organizada, generada por Gates y Buffet, para alentar a los multimillonarios del mundo, empezando por los estadounidenses de la lista Forbes 400, a comprometerse con entregar la mayor parte de su riqueza a causas filantrópicas. La iniciativa que cambiaría para siempre el mundo de la filantropía sería conocida como The Giving Pledge (Promesa de Donación). Hasta hoy, han firmado 69 multimillonarios. Todos de Estados Unidos. Los próximos: China y la India.

Todos los que suscribieron la promesa han hecho su dinero de distintas maneras y han llevado vidas muy diferentes. Aunque sus razones para la donación de su riqueza son diversas, lo que comparten es la pasión de dar. Saben que dar es una situación en la que todos ganan. Beneficia a los que reciben, pero también a los que dan.

Una reciente investigación neuropsicológica, dada a conocer por la Universidad de Notre Dame, muestra que donar a obras de beneficencia activa zonas neuronales del cerebro vinculadas al procesamiento de las recompensas; las mismas zonas que son activadas por la comida o el sexo. Los estudios indican que incluso donaciones pequeñas despiertan estas placenteras experiencias psicológicas. Dar nuestro tiempo también cuenta. Esta investigación ofrece una base empírica al viejo estudio conductual llevado a cabo por Paul Wink y

Michele Dillon, quienes, desde los inicios de la década de 1930, siguieron a un grupo de residentes de California y descubrieron que los que daban estaban más sanos y eran más felices cuando envejecían. **Quizá no seas multimillonario, pero nunca es ni demasiado pronto ni demasiado tarde para disfrutar de los beneficios de dar. Dar tiempo también cuenta.**

Es sorprendentemente fácil llegar a un punto en que pensamos que el mundo gira en torno a nosotros y nuestros negocios. Centrarnos en nuestras empresas es una parte importante de la ecuación del éxito, pero mantener nuestra vida en perspectiva es fundamental para el equilibrio de esa vida. Tenemos que ver nuestros proyectos dentro del contexto mayor de nuestra vida y de la comunidad en general, así como en relación con los que son menos afortunados.

Así pues, si queremos aprender de esos multimillonarios y científicos, vivir una vida más larga y feliz y pasarlo tan bien (bueno, casi tan bien) como tomando una comida de *gourmet* o revolcándonos en la cama, entonces deberíamos tratar de meter la mano en el bolsillo y dar con más frecuencia.

> **POTENCIADOR DE LA CALIDAD DE VIDA #5:**
> **HAZ UN REGALO O UNA DONACIÓN CADA SEMANA**

#6 REPLÁNTEATE LA AUTODISCIPLINA

MARTIN BJERGEGAARD

Muchos pensamos que la autodisciplina es hacer algo que, en realidad, no queremos hacer. Para un emprendedor, esto podría ser preparar la declaración de la renta, hacer campaña para conseguir nuevos clientes o poner al día nuestro presupuesto del flujo de fondos. Este tipo de deberes son los que solemos posponer y procrastinar.

Tradicionalmente, la actitud ha sido que los emprendedores de éxito disfrutan de él, en parte, porque tienen la suficiente autodisciplina como para completar esas tareas menos atractivas. Nuestras conversaciones con nuestros modelos de conducta, sin embargo, nos dan otra pista: ¿y si fuera al revés? ¿Y si lo que, en realidad, crea el éxito en los negocios es la capacidad de pasar la máxima cantidad de tiempo haciendo lo que de verdad nos gusta? Para algunos, esto puede querer decir representar la empresa ante los clientes para otros, desarrollar el mejor *software* del mundo, y para otros, puede ser liderar e inspirar a un equipo.

Algunos lo llaman flujo; otros, energía, focalización o presencia; pero cualquiera que sea la palabra que usemos, el significado es el mismo: dejar que lo que estamos haciendo nos absorba por completo. Cuando el tiempo y el espacio quedan en suspenso y somos uno con lo que hacemos, podemos ser tres, cinco o incluso diez veces más productivos que cuando ejercemos la «autodisciplina» y nos forzamos a desviarnos de las cosas que realmente queremos hacer.

No hay nada malo en el placer. No es menos honorable hacer lo que nos gusta que bregar con la declaración de la renta. En realidad, a muchas personas les encanta la contabilidad y no les gusta hacer exactamente las cosas que a ti te apasionan.

Todos sabemos que la especialización funciona y que sólo porque seamos emprendedores ese principio no deja de existir. Podemos, fácilmente, contratar a otros para que hagan determinadas tareas. No tenemos que hacerlo todo nosotros mismos. Hoy son muchas las cosas que se pueden contratar o delegar, así que el reto consiste en descubrir el núcleo de lo que hace que nuestro pulso se acelere y la sangre fluya para poder estar al cien por cien, y luego darnos permiso para permitirnos hacer aquello que más nos gusta.

La mayoría podemos contestar a la pregunta de qué no tenemos ganas de hacer. Es más difícil concretar lo que de verdad *queremos* hacer. En otras palabras, lo que haríamos incluso si no nos pagaran por hacerlo, incluso si nadie más creyera en nosotros: el núcleo de nuestra motivación, nuestra auténtica pasión.

La autodisciplina sigue siendo importante, sólo que significa algo nuevo: significa «forzarnos» a pasar todo el tiempo posible haciendo lo que nos gusta. Si triunfamos en esta labor, todo lo demás seguirá de forma natural. Nos resultará fácil encontrar a alguien que haga las tareas que a nosotros no nos gustan, nuestros clientes encontrarán el medio de llegar a nosotros y nuestros proyectos serán un imán para atraer a colegas con talento.

Reconocemos el flujo, la energía y la presencia cuando los vemos. No obstante, con demasiada frecuencia, nos dejamos distraer por la idea errónea común de que todo tiene que doler un poco. Sentimos que tenemos que obligarnos a hacer cosas que, en realidad, no queremos hacer. Hay algo atractivo en representar el papel de mártir, pero no es ése el camino que nos llevará a la buena vida. Dedica tu autodisciplina a apretar el paso, no a ir más despacio.

> *«Elige un trabajo que te guste, y nunca tendrás que trabajar ni un solo día en tu vida.»*
> CONFUCIO

**POTENCIADOR DE CALIDAD DE VIDA #6:
USA TU AUTODISCIPLINA PARA CENTRARTE EN LAS TAREAS QUE TE APASIONAN**

#7 EQUILIBRA A TU EQUIPO

JORDAN MILNE

Hace dos meses, después de una serie de vuelos, viajes en autobús y aventuras en motocicleta, me encontré viajando por Laos, en el sudeste asiático. Además de ser uno de los países más bellos que he visitado nunca, la pequeña población de Luang Prebang, que se convirtió en nuestro hogar durante una semana, también albergaba uno de los mercados nocturnos más completos que se podría imaginar. Un auténtico circo de caos organizado que impactaba los cinco sentidos; a lo largo de las calles, hasta donde la vista alcanzaba, había tenderetes que exhibían productos de brillantes colores. Todo completado con los curiosos olores de comida recién hecha flotando en el aire.

El mercado estaba lleno de vida y vibraba con los transeúntes que recorrían los diversos espacios y regateaban con los vendedores por sus productos hechos a mano. Al final, encontré algo que me gustaba lo suficiente como para iniciar el trámite que había visto hacer a muchos otros. El regateo iba y venía. La vendedora y yo empezamos a millas de distancia, sabiendo perfectamente bien que las pretensiones de cada uno eran inaceptables y que pronto nos encontraríamos en algún punto casi intermedio. Era como un baile. Después de varios números, la vendedora levantó la vista y, mientras acordábamos la cifra mágica, dijo las siguientes palabras, con una chispa traviesa en los ojos: «Buen trato para mí. Buen trato para ti».

Me eché a reír, porque había oído la frase varias veces en los diez minutos anteriores al acuerdo, pero acepté. «Buen trato para mí. Buen trato para ti», repetí con una sonrisa. La misma frase se puede aplicar al equilibrio. Cuando pensamos en equilibrio, lo más frecuente es que pensemos en el equilibrio en nosotros mismos.

No obstante, el equilibrio del equipo es igual de importante si queremos disfrutar y sacar el máximo partido de nuestro equilibrio personal. Lo que es bueno para ti es bueno para tu equipo. Y viceversa. Algunas compañías tienen una cultura empresarial que obstaculiza el equilibrio. Algunos miembros del equipo llevan vidas apasionantes y equilibradas, mientras otros trabajan constantemente y sufren una falta de equilibrio increíble. Esta desigualdad es peligrosa y provoca resentimiento en ambas partes:

- Los que no pueden hacer algo divertido porque están totalmente inmersos en el trabajo sienten resentimiento hacia los que sí que tienen esa oportunidad. Se ponen celosos y creen que cargan con todo el trabajo (tanto si es verdad como si no).

- Los que tienen una vida equilibrada y disfrutan de sus noches sienten resentimiento hacia los otros porque creen que deben ocultar ese equilibrio y quitarle importancia al placer que consiguen con sus experiencias.

El resentimiento lleva al rencor y a relaciones heridas, que finalmente ahogan la productividad.

Los emprendedores más eficaces que entrevistamos reconocieron que el equilibrio les ayudó a llegar a ser líderes mejores y más realizados. Pero también reconocieron que sólo podían tener equipos productivos si el equilibrio y la oportunidad para llevar una vida increíble y satisfactoria fuera algo al alcance de todos. Las empresas donde todos los empleados hacen cosas divertidas y apasionantes y vuelven al trabajo a compartir esas experiencias con los miembros de su equipo, crean un vínculo especial y una cultura de empresa mucho más comprensiva que las empresas donde no lo hacen. **Al importarnos más con quién trabajamos, también estamos más inspirados y trabajamos con más pasión unos para otros.** La lealtad de equipo produce resultados más efectivos.

Así pues, ayuda y alienta a tu equipo para que logre el equilibrio. Cuenta tus experiencias de fuera del trabajo y busca miembros del equipo que compartan el amor y la necesidad de este modo de vida liberador. Hacerlo no sólo te permitirá disfrutar más, sino que, además, hará que ellos sean más felices y más productivos, lo cual hará, a su vez, que tu empresa sea más eficiente. Buen trato para ti, buen trato para ellos.

> **POTENCIADOR DE LA CALIDAD DE VIDA #7: ASEGÚRATE DE QUE TU EQUIPO AL COMPLETO TIENE LA OPORTUNIDAD DE CONSEGUIR EL EQUILIBRIO**

#8 TÚ NO ERES TU TRABAJO

JORDAN MILNE

Muchos estamos tan apegados a nuestra empresa que ello define nuestra identidad. Con frecuencia, esta identificación es tan fuerte que nuestros altibajos personales están directamente ligados a los altibajos de la empresa. Cuando el negocio va bien, estamos relativamente libres de preocupaciones. Cuando nos metemos en aguas turbulentas, bueno, ésa es otra historia. Es una manera peligrosa de vivir y trabajar.

Viviendo así, no sólo reducimos nuestras experiencias, sino que hacemos que sea más difícil alcanzar y mantener el éxito. Deberíamos buscar la felicidad fuera del trabajo y hacer que nuestro sentimiento de valía personal esté vinculado a más de una cosa. Mantengamos las cosas en perspectiva. **La mayoría de las personas creemos que seremos felices y estaremos seguros de nosotros mismos después de que tengamos éxito en nuestra vida profesional. La realidad es que la confianza y la actitud positiva no son cosas que aparezcan después del éxito, sino cualidades que, al desarrollarse, nos permitirán tener éxito.**

Jake Nickell, fundador de Threadless, no sólo conoce esta realidad, además la vive. Los orígenes de Jake son humildes. Cuando tenía poco más de 20 años, apenas podía pagar el alquiler de su piso de 400 dólares al mes. No obstante, era dueño de algo mucho más valioso que el dinero. Tenía una percepción clara de su propia valía, sin conexión con su nivel de éxito externo, y la creaba de dos maneras. Primero, tenía relaciones estrechas con amigos y familia. Al mismo tiempo, desarrollaba una imagen clara tanto de la persona que quería ser como de sus deseos de ejercer una influencia positiva en el mundo que le rodeaba.

«Todo tiene que ver con las relaciones y con cómo quieres influir en el mundo. No como una gran idea, sino caminando por la calle, siendo la clase de persona que quieres ser», dice Jake.

Su sentimiento de su propia valía lo ha hecho feliz. También le ha dado confianza. Esta misma confianza le proporcionó el valor para aventurarse, poner en marcha su empresa y acabar teniendo un gran éxito.

«Al empezar, tenía mucha confianza en mí mismo y no temía aprender cosas nuevas. Puse en marcha la empresa sólo una hora después de que se me ocurriera la idea. Sólo tenía 500 dólares, todavía estaba en la universidad y nunca había impreso una camiseta en mi vida. Nos dijimos: "Pidamos a la gente que diseñe sus propias camisetas". ¡Y lo hicieron! Celebramos nuestro primer concurso de camisetas en un foro *online*, sin tener siquiera nuestra propia página web. Cinco días después, decidimos cuáles íbamos a imprimir. En aquel momento ni siquiera sabíamos cómo íbamos a imprimirlas. Nuestra confianza nos permitió lanzarnos y averiguarlo sobre la marcha.»

Su independiente percepción de su propia valía le dio la confianza necesaria para dar el salto y poner en marcha una em-

Una nueva mentalidad

presa, y también le ayudó a estar mejor preparado para capear las tormentas inevitables que la empresa trae consigo. Ser menos vulnerable a estos altibajos significa que puede tomar decisiones más lúcidas. Jake lleva 10 años dirigiendo Threadless con éxito y resolviendo la mayoría de los contratiempos a los que se ha enfrentado.

Gracias a Threadless, Jake es ahora multimillonario, pero sigue insistiendo en que es igual de feliz que cuando vivía en su piso de 400 dólares.

Tu identidad «fuera del trabajo» puede proceder de muchos sitios. Podría empezar con algo tan sencillo como entrar a formar parte de un equipo deportivo.

John Vechey es cofundador de PopCap Games, fabricante y editor de juegos de vídeo. Él y sus cofundadores pusieron en marcha la empresa en Seattle, en el año 2000, y han crecido hasta tener más de 600 empleados. John es ahora uno de los emprendedores jóvenes con más éxito en el mundo. También él insiste en la importancia de concebir su propia valía como algo independiente:

«Años atrás pasé una época muy estresante mientras construía mi compañía. Justo entonces decidí formar parte de un equipo deportivo, por diversión. Esta decisión resultó ser fundamental, porque me dio un sentido de identidad y un equipo fuera de PopCaps. Cuando las cosas se ponían difíciles en el trabajo, mi idea de quién soy no se vio afectada porque tenía algo para equilibrarla. Lo usaba para superar los momentos difíciles. En mi opinión, todos deberían tener algo más cuando ponen en marcha alguna empresa. Ya sea cocinar, un deporte, el ejercicio o la familia. El equilibrio es clave». Hoy, con 32 años, John Vechey acaba de vender su empresa por 1.000 millones de dólares.

Los maestros espirituales, desde Buda, en la India, en el siglo VI a.C. a Eckhart Tolle, en Canadá, en el año 2011, afirman que todo lo que necesitamos para sentirnos completos y felices existe ya en nuestro interior. No necesitamos una empresa floreciente, la fama o la fortuna para ser felices. Empieza a ser feliz ahora mismo y luego construye esas cosas externas sólo por diversión.

El trabajo formará parte de tu identidad, pero para tener más probabilidades de éxito y una felicidad sostenible, haz caso de Jake y John: añade otros ingredientes a la mezcla que forma tu yo completo.

> **POTENCIADOR DE LA CALIDAD DE VIDA #8:**
> **ENCUENTRA TU PROPIA VALÍA EN OTRAS COSAS, NO SÓLO EN TU NEGOCIO**

#9 No temas perderte algo

JORDAN MILNE

Antes mencionamos que Sophie Vandebroek defiende simplificar sus relaciones. Podría parecer contrario a la lógica cuando nuestro objetivo es llevar una vida llena de éxito y felicidad. Veámoslo más de cerca.

«Sólo conservo un puñado de amigos íntimos, y esto me deja libre montones de tiempo», dice Sophie. Este tiempo extra lo usa para cuidarse, relajarse y pasar tiempo con la familia y con esos pocos amigos. Tener un reducido número de amigos no es una conducta antisocial. Sophie es una persona sociable, cariñosa y comprensiva. Lo que practica evidencia que prioriza la calidad por encima de la cantidad. No es víctima de las presiones, al contrario que muchos que pensamos que deberíamos tener cientos de «amigos».

Todos conocemos a esa persona en Facebook que le gusta alardear de tener 2.000 amigos. Quizá se haya ganado el derecho a fanfarronear, pero yo estaría dispuesto a apostarme la camisa a que le costaría dar los nombres de una décima parte de esa lista.

Debo admitir que yo también soy culpable de lo mismo; sentí una extraña satisfacción de coleccionista cuando mi número de amigos en Facebook superó la marca de los 500. ¿Y quién fue mi amigo número 500? La novia del cuñado de un

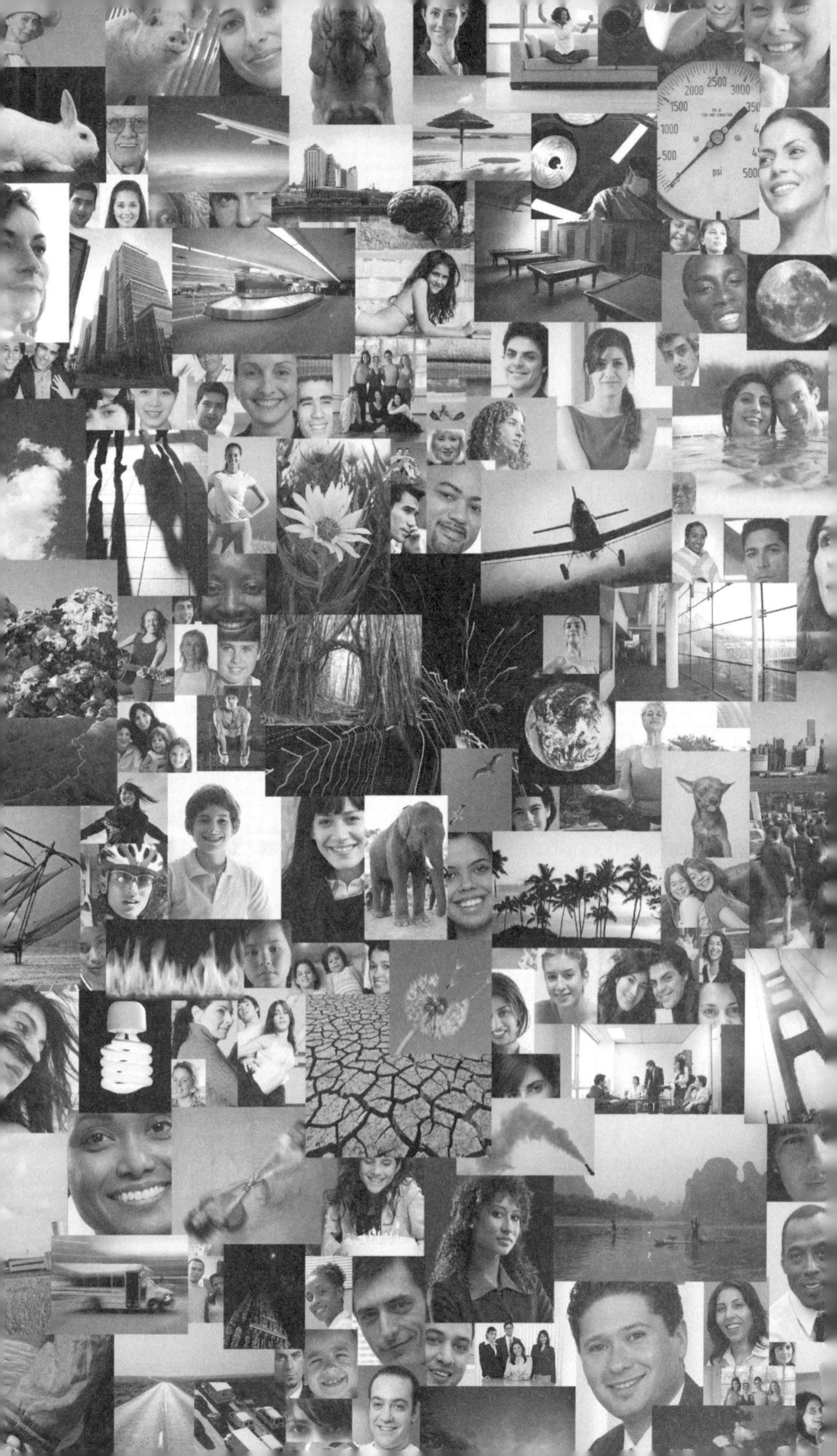
2000
2500
3000
1500
1000
500
psi
5000

tipo que fue a la escuela con mi hermana (me parece). Sí, somos íntimos.

No quiero decir que nuestra actividad en Facebook refleje necesariamente nuestro modo de plantearnos todo lo demás, y mucho menos nuestros valores, pero es, sin duda, indicativa de una tendencia muy extendida. Y la reacción ya ha empezado. Tomemos a Jimmy Kimmel, presentador de un programa de entrevistas, que declaró el 17 de noviembre «Día Nacional de Desamigar», en Estados Unidos, en un esfuerzo para defender la amistad como algo sagrado. Burger King, el gigante de la comida rápida, incluso basó una campaña promocional en torno a desamigar a la gente en Facebook. A cambio de desamigar 10 «amigos» recibes una hamburguesa Whopper gratis.

Sin embargo, no defendemos librarnos de amigos auténticos ni tampoco tener menos amigos sólo porque sí. Cultivar nuestra red de contactos es importante para crecer, especialmente para los emprendedores. Exponernos a otras personas abre nuevos caminos de información, que pueden llevar a asociaciones e ideas frescas. En realidad, en tanto que humanos, nuestras relaciones son absolutamente una de las cosas más importantes y agradables de nuestra vida. Pero eso no significa que tengamos que aceptar la idea de que cuanto más, mejor.

Con frecuencia, esta presión se manifiesta como «miedo a perdernos algo» (FOMO, siglas en inglés), la angustia y el estrés que experimentamos cuando sospechamos que nos perdemos algo que nuestros amigos están (o pueden estar) haciendo.

La verdad es que nadie puede experimentarlo todo, y en este planeta todos nos perdemos algo todo el tiempo. Los auténticos ganadores son los que lo comprenden y hacen que su vida tenga un propósito para llegar a ser el centro de su propia experiencia, para ser la vida y el alma de su propia «fiesta».

En una vida donde el tiempo es esencial, mira alrededor y tómate un momento para ser consciente de los peligros de esa obsesión contemporánea con los números. Reflexiona sobre tus propias relaciones, las que son de verdad valiosas para tu vida, felicidad, éxito y energía. El valor puede significar muchas cosas, no sólo en cuanto a lo que puedes lograr de tus amigos, sino también a lo que puedes dar.

Tómate el tiempo para ser la clase de amigo que te gustaría tener, en lugar de ser sólo un amigo sobre el papel. Como hace Sophie, céntrate en la calidad. No sólo tus relaciones serán más satisfactorias, sino que, además, tendrás más tiempo para hacer lo que TÚ elijas.

POTENCIADOR DE LA CALIDAD DE VIDA #9: CÉNTRATE PRIMERO EN TUS AMIGOS MÁS IMPORTANTES

#10 ENCUENTRA TU MÁSCARA DE OXÍGENO

JORDAN MILNE

«Hoy volaremos a una altitud de 32.000 pies (9.750 metros). Por favor asegúrense de que su equipaje está guardado en los compartimentos superiores.» Mientras iba sentado en el asiento de en medio, compitiendo discretamente por el muy codiciado espacio para apoyar el brazo en un vuelo de Air Canada de Londres a Toronto, oí que el sobrecargo empezaba a desgranar su habitual discurso sobre la seguridad:

«En caso de emergencia, las máscaras de oxígeno caerán desde el compartimento superior, delante de usted. Si viaja con un niño, cerciórese de asegurar su propia máscara antes de ayudarle a él y a los demás».

Había oído estas palabras muchas veces antes, pero ese día, por alguna razón que desconozco, parecían diferentes. Tenían un nuevo sentido.

Las instrucciones eran muy sencillas. Sin embargo, en una situación de pánico, puedes apostar a que muchas personas inteligentes y bienintencionadas no las cumplirían. Dominadas por el instinto, ayudarían antes a su hijo. En el calor del momento, muchas olvidarían ocuparse de ellas mismas y, así, pondrían al niño en peligro.

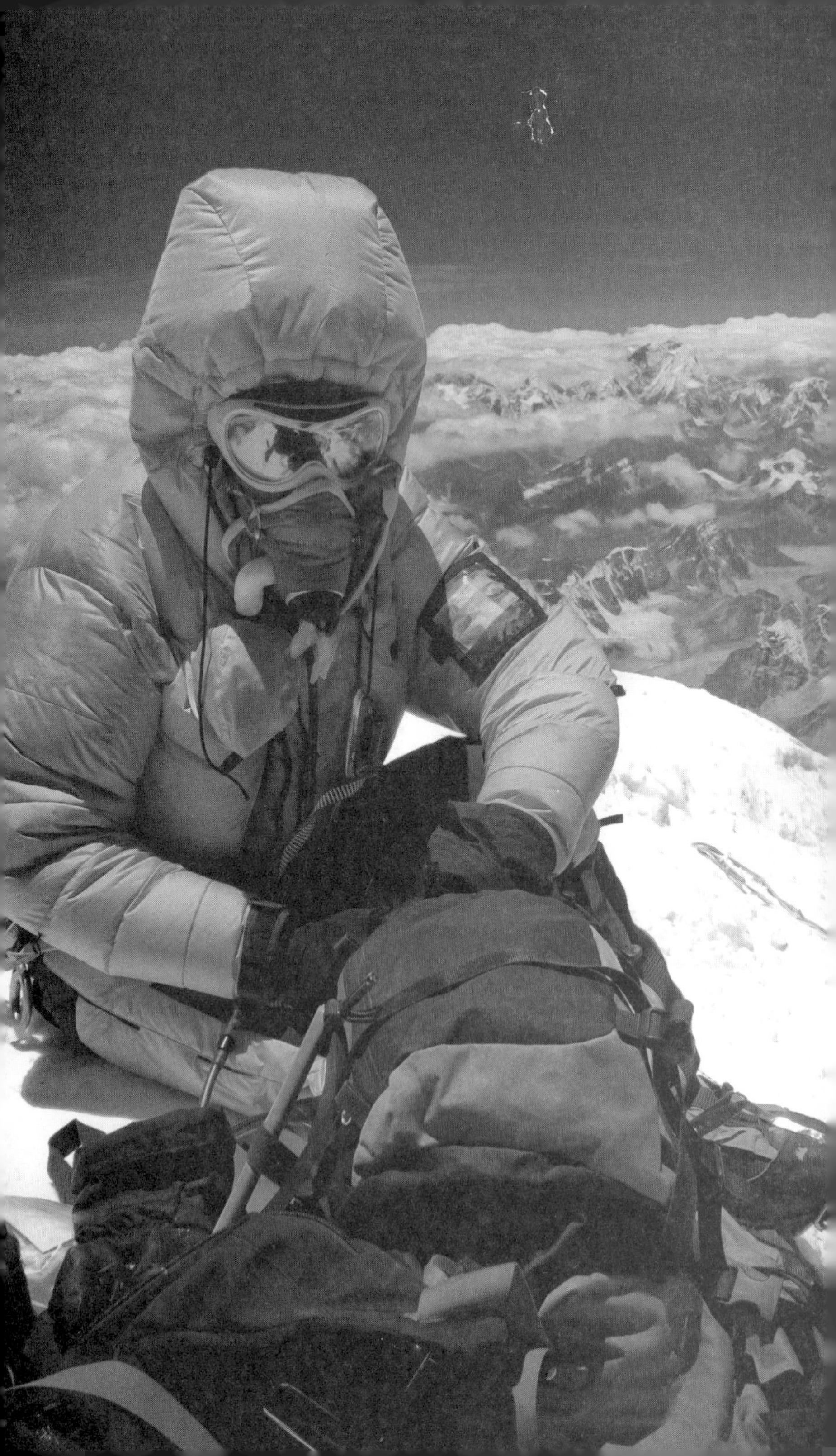

Una nueva mentalidad

Las instrucciones y la lección que entrañan son claras y parecen tan convincentes en los negocios y en la vida en general como en la cabina de un 747. Del mismo modo que estás más preparado para ayudar a tu hijo si llevas puesta la máscara de oxígeno y no jadeas en busca de aire, también eres más capaz de ayudar a tu empresa y a los que te rodean si primero te has cuidado de ti mismo.

Demasiados emprendedores que quieren abarcar mucho trabajan sin descanso y, en consecuencia, no cuidan de sí mismos. Dejan que su propio cuidado se quede por el camino, y vaya descendiendo puestos en la lista de prioridades hasta que, finalmente, es eliminado por completo.

¿Cuántas veces te has saltado el desayuno para poder tener al día tu bandeja de entrada, o has renunciado al partido de baloncesto con tus amigos para acabar algo en el despacho, o te has perdido ver a tu hijo en una obra de teatro porque tu reunión se alargó hasta tarde?

Se suele pensar que debemos esforzarnos al máximo y trabajar sin parar para salir adelante. Esta actitud entraña que podemos trabajar con plena eficacia durante una cantidad ilimitada de tiempo. No podemos. Henry Ford lo sabía en 1914 cuando anunció algo que provocó oleadas de escándalo en toda la comunidad empresarial: pidió que se redujera la semana laboral en su sector.

Hoy, incluso profesiones antiguas como la medicina están empezando a poner en duda sus propios supuestos, y se presentan argumentos a favor de limitar las horas de trabajo de los médicos residentes. Las compañías aéreas están siguiendo el ejemplo. En 2010, la Unión Europea declaró sus intenciones de limitar el número de horas que los pilotos estaban autorizados a trabajar diariamente, basándose en el descubrimiento de que la fatiga causa hasta una quinta parte de los accidentes aéreos mortales en todo el mundo.

Todos sabemos que cuidarnos es importante, pero cuidarnos a nosotros mismos en primer lugar es la *auténtica* clave. Esta estrategia no es egoísmo. Hacerlo nos permite simplemente funcionar con una eficacia máxima cuando construimos nuestra empresa, nuestra vida y nuestra capacidad para servir a los demás.

Cuando no nos ponemos la máscara de oxígeno los primeros, somos incapaces de centrarnos en la tarea que tenemos entre manos, estamos preocupados en las reuniones y, cuando nos presionan, nos mostramos irritables con los clientes, los colegas, los amigos y la familia. Incluso algo tan tonto como encontrar un calcetín a juego puede parecernos una tarea insuperable. Descuidarnos no sólo hace que nuestra vida sea desagradable, sino que además va en detrimento de nuestra empresa y, finalmente, de aquellos que nos rodean.

Con nuestra propia «máscara de oxígeno» puesta, estamos claramente mejor preparados para enfrentarnos a intangibles como la creatividad y la toma de decisiones instantáneas.

Sabemos que es peligroso tomar decisiones cuando no estamos en nuestro mejor momento. Incluso así, con frecuencia vamos al trabajo cansados o hambrientos y pensamos que podemos resolver grandes problemas. En muchos círculos, seguir adelante sacrificándonos de esta manera se ve como algo admirable. No obstante, en la realidad, el trabajo hecho en este estado es muy ineficaz, incluso es peligroso. Entonces, ¿por qué aceptarlo? La próxima vez que estés nervioso y te enfrentes a una decisión importante, prueba a adoptar esta actitud: «Es una decisión importante de verdad, así que voy a hacer una siesta y luego la tomaré». Y cuando te enfrentes a una sobrecarga de trabajo cuando no estás en tu mejor momento, vete a dar una vuelta de media hora a la manzana. Los demás quizá piensen que estás loco, pero cambiarán de opinión cuando vean que acabas tomando decisiones mejores y rindiendo resultados.

Entonces, ¿cuál es tu máscara de oxígeno? ¿Qué debes hacer para seguir sintiéndote bien y poder continuar trabajando con eficacia?

Quizá sea algo relativamente convencional, como hacer ejercicio o echarte una siesta. Durante la Segunda Guerra Mundial, Winston Churchill sesteaba durante una hora después de comer. Como escribió en *The Gathering Storm* [Se prepara la tormenta], el primer volumen de sus memorias: «La intención de la naturaleza no era que la humanidad trabajara desde las ocho de la mañana hasta medianoche sin el descanso de un bendito olvido que, aunque sólo dure veinte minutos, es suficiente para renovar todas las fuerzas vitales».

Tu máscara de oxígeno puede ser algo totalmente único para ti.

Muchos emprendedores de éxito han descubierto sus propias máscaras de oxígeno, esa cosa particular que nutre su cuerpo y su espíritu y los prepara para pasar a la siguiente tarea.

Podría ser algo que centra y calma o, alternativamente, algo que estimula y bombea adrenalina. Incluso podría ser tomar dos baños al día, como el antes mencionado Jake Nickell, de Threadless.com.

Encuentra tu máscara de oxígeno. Y póntela primero. Hazlo cada día. Y luego sal y conquista el mundo.

> POTENCIADOR DE LA CALIDAD DE VIDA #10:
> CUIDA DE TI MISMO LO PRIMERO

#11 APRENDE DE TODO LO QUE HACES

En 2004, Zhang Xiangdong y dos de sus amigos de la universidad tuvieron una visión. Pensaron que, en el futuro, podríamos conseguir cualquier información que necesitáramos, gratis, en nuestros teléfonos móviles. Para que esto sucediera, se precisaba contenido y también algunas plataformas y aplicaciones web, fáciles de usar, para móviles, que nos permitieran realizar tareas simples como comprobar el tiempo, montar una pantalla a medida del usuario, seguir la pista de nuestros contactos y comunicarnos vía mensajes de texto.

Demos un salto hasta 2012. 3G Portal, la empresa de Zhang, opera el primer portal de Internet para móviles de China, y ha recibido más de 200 millones de descargas de sus aplicaciones globalmente. No es un logro pequeño para alguien que empezó sólo ocho años atrás sin nada más que una visión.

Para Zhang, Internet para móviles no es sólo su trabajo, sino también su pasión y una afición muy preciada. No obstante, Zhang es mucho más que bits y bytes. Es un lector voraz y pasa una hora completa cada día y la mayoría de los sábados ensimismado en todo tipo de literatura. Ya ha escrito dos libros, traducido otro al chino, y ahora tiene planes para escribir una obra de teatro. «Me gustaría ilustrar mi confusión por medio de un drama escénico», me dice durante la entrevista. Le pregunto qué lo confunde, y la cara se le ilumina con una amplia sonrisa al responder: «Las grandes cuestiones de la vida. Como de dónde venimos. Creo que la mayoría de personas nos sentimos confundidos cuando pensamos profundamente en esto».

Otra afición de este hombre de negocios de 35 años, que vive en Pekín, es la bicicleta. Zhang ha pasado innumerables semanas en las carreteras de China, Francia, Sudáfrica y Australia, y ahora su meta es recorrer cinco continentes. Todos los días de la semana empiezan con una hora de bicicleta, de ocho a nueve de la mañana. ¿Qué lo motiva para pasar tanto tiempo en el sillín? «Es parte de la naturaleza humana. Creo que la vida debería tener diversidad. Todos debemos asegurarnos de pasarlo bien mientras luchamos por hacer realidad nuestras ambiciones», explica. Luego comparte conmigo un proverbio chino que no es fácil de traducir, pero que es algo así como: «La felicidad es natural en la vida, a pesar de que la mayoría de veces lo comprendemos demasiado tarde». Descubro que estoy asintiendo, totalmente de acuerdo.

Por si su genuina dedicación a la literatura, la bicicleta y los negocios no fuera suficiente, Zhang también ha tomado la iniciativa de crear un proyecto cultural ambicioso y de largo alcance. Bajo el nombre común de Meridian, han diseñado un puñado de proyectos visionarios. Cada actividad tiene el propósito de liberar y unificar el potencial creativo a través de zonas horarias, fronteras y culturas. Uno de los proyectos es recoger cuentos para niños de múltiples países, y luego hacer versiones locales de todos ellos, empezando con el público chino. Otro proyecto es entrevistar a los taxistas de doce de las ciudades chinas de más rápido crecimiento para revelar qué aspecto tiene la urbanización desde primera línea. Bajo la etiqueta de «Creado en China» y con los valores de ser «Curiosa, creativa y global», Meridian, una organización no gubernamental y sin ánimo de lucro, quiere producir «obras en colaboración que hagan pensar».

El origen de gran parte de la inspiración, el pensamiento y la confianza de Zhang, puede encontrarse en las numerosas horas pasadas en su bicicleta, solo en un país y una cultura extranjeros. «La curiosidad es lo que me impulsa, y cada viaje en bicicleta es una conversación conmigo mismo», explica Zhang. Por ejemplo, ir en bicicleta le ha enseñado lecciones importantes sobre cómo llevar una empresa. De vez en cuando, hará mal tiempo, habrá colinas que remontar y dificultades imprevistas. Es preciso aceptarlo. Hay que ser paciente y perseverante. Tener fe y seguir practicando. Encontrar tu propio ritmo y ceñirte a él. Según Zhang, dirigir un negocio es igual. Cuando le preguntamos si sus aficiones ponen en peligro sus operaciones empresariales, responde: «En absoluto». De hecho, siente que lo hacen ser un líder, innovador y mejor hombre de negocios.

Muchos creemos que el tiempo que dedicamos a nuestras aficiones particulares no hace nada para añadir valor a nuestra empresa o carrera. Zhang Xiangdong nos enseña que no es necesariamente así. Si entramos en cada actividad con una mente abierta, nos sorprenderá la cantidad de cosas importantes que podemos aprender de unas actividades que, al parecer, no guardan relación entre ellas.

¿Cuántos padres han mejorado su capacidad de colaboración y liderazgo al interactuar con sus hijos? ¿Con cuánta frecuencia leer un libro nos ha ofrecido una nueva perspectiva que podía usarse para abordar un problema de la empresa? ¿Y qué podemos decir de viajar a lugares lejanos, dedicarnos a un deporte, desplegar nuestro potencial como chef casero o fotógrafo aficionado?

Quizá no sea evidente en su momento, pero la verdad es que una vida holística con experiencias diversas agudiza nuestras habilidades empresariales, no al contrario. Aprender de todo lo que hacemos es una estrategia viable para el éxito, y Zhang nos muestra una posible aplicación de esta idea. Concluye la entrevista diciendo: «Cada uno es su propio dueño. Todos deberíamos elegir nuestro propio modo de vida». Por suerte para nosotros, esto significa que no debemos sentir ninguna presión para seguir su ejemplo y hacer 100 flexiones cada mañana.

**POTENCIADOR DE LA CALIDAD DE VIDA #11:
VIVE LA VIDA Y OBTÉN UNA NUEVA PERSPECTIVA**

PASA A LA ACCIÓN

→ 6 PASOS QUE DAR ESTA SEMANA

Hemos hablado mucho de pasar a la acción para acumular impulso en nuestros esfuerzos empresariales. El mismo principio es válido si decides poner en práctica algunas de las estrategias de este libro. Lo más probable es que o lo pruebas durante la semana que viene o no lo probarás nunca. Así pues, ¿qué tal si damos unos pequeños pasos ahora mismo? En este capítulo final, esbozaremos seis medidas sencillas que puedes tomar para empezar, inmediatamente, a crear la vida y la empresa que quieres.

EMPIEZA YA

#1 PRUEBA UNA HORA DE EFICACIA PLENA

JORDAN MILNE

Se puede emplear una hora de un millón de maneras. Desde saltar, sin pensar, de blog en blog, a hacer un trato que catapultará tu empresa hacia delante durante años. No todas las horas son creadas iguales.

Prueba esto: mañana trabaja sólo una hora. Podría ser desde las seis a las siete de la mañana, o desde las ocho a las nueve de la noche. El momento del día no importa. Quizá tengas unas horas favoritas. A mí me gusta cuando sale el sol. Lo único que importa es que trabajes sólo una hora. **Al fijarte una cantidad de tiempo muy limitada, te obligas a estar extremadamente concentrado y ser tan eficaz como te sea posible.** Así que trata de realizar todo lo que puedas en esa única hora. Mañana.

Luego analiza cómo has pasado el tiempo. ¿Cuánto has conseguido hacer? ¿Qué has hecho de otra manera? Para lograr la mejor información, prueba a hacer este ejercicio una vez a la semana durante cuatro semanas. Experimenta con diferentes enfoques cada semana, por ejemplo variando el momento del día, cambiando de lugar o utilizando sistemas diferentes de preparación. Una vez que hayas identificado tus estrategias de trabajo ideales, puedes tratar de reproducirlas

Pasa a la acción

con una frecuencia cada vez mayor en tu jornada de trabajo normal.

Imagina cuánto podrías conseguir trabajando seis u ocho horas a tu máximo rendimiento cada día.

> **EJERCICIO #1:
> TRABAJA UNA HORA, SÓLO UNA HORA,
> CON INTENSIDAD PLENA**

#2 No hagas cola

Jordan Milne

En una época en que muchas profesiones entrañan permanecer sentado delante de un ordenador todo el día, la actividad física en el trabajo no es la norma, y nuestro cuerpo está acusando los efectos negativos. Los estudios demuestran que incluso si hacemos la cantidad recomendada de ejercicio, llevar una vida principalmente sedentaria puede tener efectos drásticos en nuestra salud y nuestro estado de ánimo.

Para combatir esta práctica establecida, hemos examinado el estilo de vida de cada uno de nuestros modelos de conducta. La mayoría estuvieron de acuerdo en que la actividad física no debería verse restringida al gimnasio, y muchos han encontrado el medio de intercalar momentos de actividad física a lo largo del día.

Encuentra tus propias oportunidades, aprovéchalas e incorpóralas a tu rutina diaria. Sube por las escaleras, en lugar de coger el ascensor. Una vez que empieces a buscar, irás descubriendo estos trucos por todas partes. ¿Ves la tele en casa? Haz flexiones durante los anuncios. ¿Estás sentado todo el día a tu escritorio? Usa una bola Bosu como silla. Haz ejercicios isométricos mientras lees o hablas por teléfono.

Incorporar estas actividades a tu modo de vida habitual no te proporciona sólo oxígeno extra momentáneo y la liberación de endorfinas, sino también los beneficios duraderos de un cuerpo más sano, lo cual afecta a la confianza, la felicidad y la efectividad en el trabajo y en casa.

La próxima vez que veas a un grupo de personas esperando, impacientes, a que llegue el ascensor, niégate a unirte a ellas y ponerte a la cola. Limítate a sonreír y sube por las escaleras.

> **EJERCICIO #2:**
> **APROVECHA LA PRÓXIMA OCASIÓN QUE TENGAS PARA UN MINIEJERCICIO**

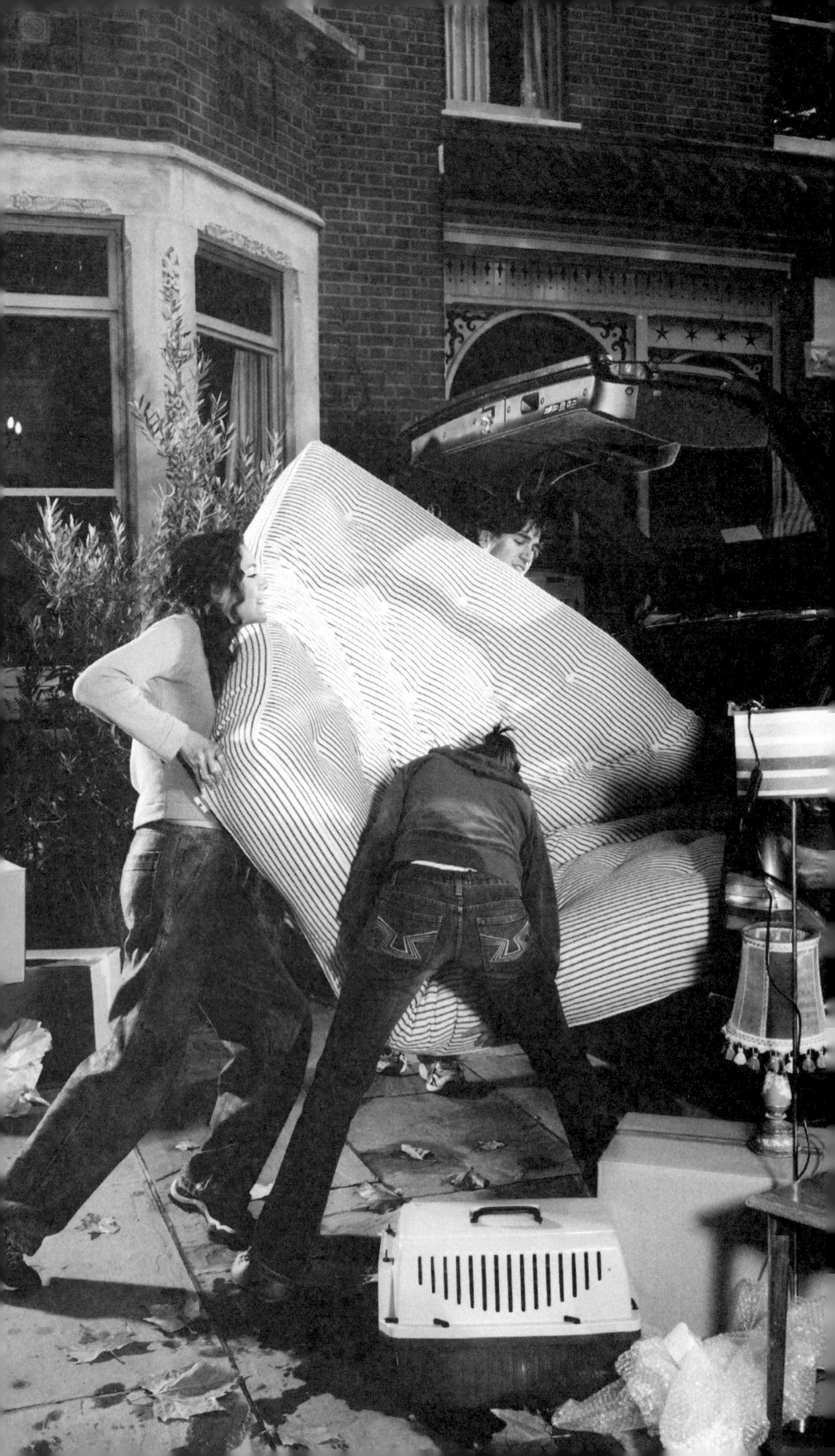

#3 HAZ LO PEOR PRIMERO

JORDAN MILNE

Todos conocemos ese sentimiento: pensamos en ello toda la noche. Vamos al trabajo y nos pasamos la mañana dejándolo para luego. Olin Miller, escritor, iba bien encaminado cuando dijo: «Si quieres hacer que un trabajo fácil parezca muy difícil, posponlo una y otra vez».

La tarea puede ser cualquier cosa: contactar con un cliente o proveedor difícil, hacer que instalen un nuevo sistema telefónico o trabajar en una estrategia de marketing revisada.

La mayoría de personas tenemos en la lista un par de tareas que nos aterran. Posponer una tarea alimenta una distracción y una ansiedad que socavan nuestra energía. Con frecuencia, llevarla a cabo nos llevaría sólo 10 minutos, pero los convertimos en tres horas de energía desperdiciada preocupándonos por hacerla.

Cuando te despiertes mañana y hagas tu lista de cosas que hacer para el día, trata de identificar cuál es la tarea más difícil. Con mucha frecuencia, sabrás cuál es incluso antes de anotarla; incluso puede que sólo pensar en ella te provoque una reacción física negativa. **Una vez que hayas identificado la tarea, ponla en el primer lugar de tu lista. Haz lo «peor» primero.**

Por supuesto, a la larga deberías librarte de las tareas que no te entusiasman, para poder centrarte en las misiones que, realmente, te llenan de energía. Pero, entretanto, y cuando sea necesario, puede ser una buena costumbre ocuparte de los deberes irritantes y acabar con ellos de una vez, en lugar de dejar que pendan, como espada de Damocles, sobre tu cabeza.

Dale Carnegie lo dijo así: «Haz los trabajos duros primero. Los fáciles cuidarán de sí mismos».

> **EJERCICIO #3:**
> **EMPIEZA MAÑANA HACIENDO LO QUE LLEVA TODA LA SEMANA SUSPENDIDO SOBRE TU CABEZA**

#4 BUSCA UN PROPÓSITO

MARTIN BJERGEGAARD

¿Es bueno tener hambre? En el caso de un emprendedor, la mayoría diría que sí. Pero eso es ver las cosas sólo desde el punto de vista del resultado, sin tener en cuenta la felicidad personal.

El hambre no es felicidad, el hambre es hambre. Y mientras tengas hambre buscarás incansablemente maneras de satisfacerte. El problema para los emprendedores es que un único éxito nunca es suficiente para satisfacernos. Nuestra mirada se fija de inmediato en la siguiente colina, y el hambre empezará a crecer en nuestro estómago de nuevo.

Muchos creen que la alternativa a la sed de retos es la pereza. Y en muchos casos, es verdad. Pero en realidad hay otra dimensión. Un lugar donde estás lleno de energía y maravillosamente satisfecho al mismo tiempo. Ese lugar se llama «propósito».

Una vez que hayas encontrado tu propósito en la vida, ya no necesitarás que te empujen otros, ni siquiera necesitarás empujarte tú mismo. No perderás el valor cuando te enfrentes a la adversidad, y no desperdiciarás tiempo y energía comparándote con otros. Empezarás a experimentar una felicidad genuina y espontánea sencillamente siendo eficaz y trabajando en tu misión.

¿Demasiado bueno para ser verdad? Por desgracia, así es para la mayoría de personas. Pero esto se debe al hecho de que no hemos estado buscando nuestro propósito deliberadamente, no porque ese estado de felicidad no exista. Es imposible encontrar la fórmula para el propósito, pero sabemos cuál es cuando la vemos. Una vez que la has encontrado, ya no tienes dudas.

¿Por qué haces lo que haces? ¿Para ganar dinero, para hacer que tus padres se sientan orgullosos, para demostrar que eres lo bastante bueno o porque imaginas que ése es el aspecto que tiene haber triunfado? ¿O porque no tienes más remedio, porque amas de verdad y con todo el corazón tu proyecto y el efecto que tiene en ti y en otros, porque los pájaros cantan y el cielo se abre cada vez que te concentras en esa labor?

Sólo tú puedes calibrar la diferencia y hacer algo al respecto.

Como emprendedor, es un buen principio empezar a buscar tu propio propósito, pero eso, en sí mismo, no es suficiente. Eres responsable de que todos los miembros de tu equipo busquen también el suyo. Tony Hsieh lo ha hecho en Zappos y Christian Stadil, en Hummel: han creado un «ambiente de propósito», donde la identidad corporativa es tan fuerte y tan clara que absorbe a la gente que tiene el mismo propósito y la apoya para que lo vivan cada día. El resultado es una eficacia y una felicidad exponenciales al mismo tiempo

Los líderes y emprendedores suelen pensar que los miembros de su equipo están menos entregados que ellos mismos, y les irrita y creen que quizás la respuesta al problema es una dirección más firme o un control más estrecho. Lo que pasan por alto es que no han hecho el trabajo preparatorio y ahora pagan el precio: no han creado una empresa con una misión clara y apasionante; no han contratado compañeros a quienes este proyecto en concreto los entusiasme sinceramente, y no se han asegurado de que todos comprenden su papel y su contribución al todo.

Estos líderes cogen un martillo y se golpean y golpean al sistema, cuando lo que realmente necesitan es volver al planteamiento inicial. Probablemente, la mayoría reconocemos, a veces, a ese líder en nosotros; el desafío es darnos cuenta rápidamente de que estamos cayendo en la trampa y volver al buen camino.

Si todavía no lo has encontrado, entonces haz que este año sea el año en el que descubres y te atreves a vivir tu auténtico propósito, sin miedos ni reservas. Y haz que el año que viene sea el año en que te asegures de que todos los miembros de tu equipo pueden alcanzar el mismo estado, escandalosamente maravilloso (y aterradoramente productivo).

Puedes empezar haciéndote cinco preguntas:

1) ¿Cuándo soy más feliz?
2) ¿Por qué esa actividad específica me hace tan feliz?
3) ¿Cómo puedo crear una empresa centrada en realizar las actividades en las que más disfruto?
4) ¿Qué me frena?
5) ¿Cómo venzo estos retos y, en los próximos doce meses, creo una nueva estructura para que me sostenga y me permita vivir mi propósito?

Ganar, sin tener que perder

«Una vida feliz es aquella que está en armonía con nuestra propia naturaleza».
MARCO ANNEO SÉNECA

> **EJERCICIO #4:**
> **DEDICA DOS HORAS A PENSAR SOBRE TU PROPÓSITO EN LA VIDA**

#5 IDENTIFICA LAS TRAMPAS PARA ELEFANTES

JORDAN MILNE

Antes hablábamos de cómo tendemos a desperdiciar mucho tiempo y energía. Con esta nueva perspectiva fresca en nuestra mente, es hora de que abordemos de forma sistemática la eliminación de tus «trampas para elefantes» particulares. Hazlo revisando tus actividades habituales —las irritantes que absorben la mayor parte de tu tiempo— y metiéndolas en uno de estos dos cubos. **¿Son cosas que de verdad te hacen malgastar el tiempo o simplemente cosas que tienes que controlar?**

Si de verdad te hacen perder el tiempo, entonces tienes que decirles adiós. El primer paso es reconocer que son culpables de absorber tu valioso tiempo. A continuación, procura calcular cuánto tiempo les dedicas cada día o cada semana. Anota ese número. Darle una cifra concreta a eso que te hace perder el tiempo te ayudará a recordarlo y eliminarlo conscientemente (creo que, además, te sorprenderá). Cada vez que te des cuenta de que vuelves a esa actividad, el hecho de que le hayas colocado una bandera roja para señalar que te hace perder tiempo, debería hacer que tu cerebro piense dos veces en lo que estás haciendo.

Si no es, de verdad, algo que te hace malgastar el tiempo, sino algo que realmente tienes que hacer, entonces se trata de controlar el tiempo que le dedicas. Su sitio está en el segundo cubo. Concédete una cantidad de tiempo fija y reservada para hacer estas actividades. Un tiempo programado facilita el control. Esto podría significar 30 minutos, en un momento dado del día, para escribir correos electrónicos, o 15 minutos para hacer llamadas telefónicas después de haber acabado alguna tarea.

Reconocer que son actividades que formarán parte de tu jornada y fijarles un tiempo para empezarlas y terminarlas hará que sea menos probable que las metas a escondidas o las uses como medio para posponer otras cosas. Simplemente, disfruta de ellas tal como son (sin sentirte culpable) y hazlas durante el tiempo que les has reservado. Cuando el tiempo se acabe, para. Una vez al mes, reevalúa cómo pasas el tiempo e investiga para ver si hay trampas para elefantes. Igual que tu programa, conocimientos, prioridades y proyectos cambian, también cambian las cosas que te hacen perder el tiempo. Al reservar un periodo de reflexión cada mes, puedes estar al tanto de cuáles son tus actuales trampas, lo cual te ayudará a ir un paso por delante.

> **EJERCICIO #5:**
> **ANOTA EN QUÉ MALGASTAS TU PRECIOSO TIEMPO HACIENDO LO QUE NO ENRIQUECE DE MODO SIGNIFICATIVO NI TU RENDIMIENTO NI TU FELICIDAD**

#6 TÓMATE EL DÍA LIBRE MAÑANA

JORDAN MILNE

Seguramente, estás ocupadísimo. Puede que incluso estés empezando a sentirte un poco desbordado, estresado o, simplemente, que no disfrutes de la vida tanto como te gustaría. ¿Qué hacer? ¿Cómo puedes salir de esta rutina de apremio artificial? Mañana, tómate el día libre. Exacto. Mañana. Quizá te parezca imposible, porque tienes tanto que hacer. Quizá puedas tomarte un día libre dentro de unas semanas, o un mes, si lo planeas bien, pero mañana, no, imposible.

Y ésa es exactamente la cuestión. **Tomarte mañana libre es un ejercicio para darte cuenta de que la mayoría de cosas no son tan apremiantes como creemos y que pasar algo de tiempo fuera de la oficina no es el fin del mundo.** No sólo eso, sino que, a la larga, nos ayudará tanto a nosotros como a nuestro negocio. Dando este al parecer imposible salto de fe, conseguiremos libertad, perspectiva y energía nuevas, y ello nos ayudará a nosotros y a nuestra empresa.

Bien, ¿qué deberías hacer en este día libre? La respuesta es cualquier cosa que te aporte energía. Vete a la playa, juega con tus hijos, ve una temporada completa de *Los Soprano* de una sentada o haz una excursión de todo un día por un parque natural. Dedica el día a rejuvenecerte.

Es posible que acabe siendo el día más eficaz del año para ti.

Ese día libre:

- Te recordará que tienes el control de tu propia vida. (¿Quién sabe adónde te llevará esa nueva perspectiva?)

- Potenciará tu creatividad; nadie tiene sus mejores ideas con una lista completa de cosas que hacer en la cabeza.

- Te estimulará físicamente, en especial si aprovechas la oportunidad para probar algo nuevo. ¿Has probado a hacer *wakeboard*, preparar tu propio *sushi* o hacer yoga?

- Te dará una sana impresión de separación de tu negocio y te ayudará a forjar una autoestima más fuerte.

Hazlo y probablemente te sentirás lleno de entusiasmo, lúcido, con los pies en el suelo y reconectado con tu visión. No es un mal sitio para empezar si buscas eficacia.

Así pues, canaliza el entusiasmo que tenías cuando eras niño y tenías vacaciones. Mañana, el día es todo tuyo.

> **EJERCICIO #6:**
> **ENHORABUENA, HAS ACABADO EL LIBRO. AHORA TÓMATE EL DÍA LIBRE PARA CELEBRARLO, DIGERIRLO Y REJUVENECER**

CONOCE A LOS AUTORES:

ENTREVISTA CON MARTIN BJERGEGAARD Y JORDAN MILNE

Por Roxanne Varza, periodista *freelance* y
ex directora de *TechCrunch France*

Conoce a los autores

Martin y Jordan, ¿qué hizo que os reunierais y os inspiró para escribir este libro?

Hace unos años, cuando conocí a Jordan, me entusiasmó encontrar a un chico joven del otro extremo del planeta que compartía mi pasión por este tema. Jordan acababa de trasladarse a Dinamarca, después de trabajar para una empresa emergente financiada con capital riesgo, donde había conocido a muchos emprendedores que estaban a merced de su modo de vida dominado por el trabajo. Jordan era un emprendedor natural, pero, como yo, no quería que eso controlara su vida.

Cuanto más hablábamos, más sentido tenía que formáramos equipo para este proyecto. Yo, por mi parte, había vivido los horrores de un modo de vida dominado por el trabajo cuando entré en McKinsey a los 26 años. Antes de McKinsey había trabajado en mis propias empresas, además de ayudar a mi padre a llevar la suya. Pero cuando me incorporé a McKinsey, descubrí un ambiente de trabajo extremadamente centrado en trabajar más tiempo y más duro. Era un ambiente en el que todos estaban obsesionados por el trabajo, algo que a mí no me parecía ventajoso ni sostenible.

Después de McKinsey, quería volver a una vida donde pudiera lograr todo lo que quería tanto en mi vida profesional como personal. Volví a la creación de empresas y, con los años, creo que he descubierto cómo establecer prioridades, de modo que mi trabajo no domine mi vida, y quería compartirlo con otros emprendedores y futuros emprendedores. Quiero que todos sepan que llegar a ser un emprendedor de éxito no tiene por qué equivaler a renunciar a tu vida.

En los dos últimos años, Jordan y yo hemos escrito este libro juntos. Mientras yo vivía en Dinamarca y Jordan estaba en Cambridge y en Canadá. Nos reunimos varias veces, en persona, y también escribíamos mientras ambos viajábamos por el mundo.

¿Por qué todos creen que ser emprendedor significa hacer tantos sacrificios? ¿De dónde viene esta idea y cómo descubristeis que no era necesariamente así?

Jordan: Creo que es una idea muy extendida, que se ha perpetuado desde que la mayoría de la gente puede recordar. Se acepta, sencillamente, como algo dado.

Mientras vivía en Canadá, Francia, Inglaterra y Dinamarca, lo que la mayoría de emprendedores que conocía tenían en común parecía ser que les encantaba lo que hacían, pero pensaban que estaban sacrificando demasiado fuera del trabajo. Era interesante ver que se hacía tanto hincapié en las «ganancias» económicas que los emprendedores de éxito estaban realmente «perdiendo» en otras cosas. Los emprendedores eran bombardeados con todos los consejos del mundo sobre cómo tener éxito, pero había muy pocos modelos de conducta que dieran un paso adelante para demostrar cómo tener éxito y disfrutar al mismo tiempo.

Me negaba a aceptar que el único medio para tener éxito en los negocios fuera renunciar a algunos aspectos de mi vida personal. Sí que quiero crear la próxima gran empresa, pero también quiero vivir el equilibrio del que escribimos en este libro, para poder mirar atrás en mi vida con orgullo y felicidad. Sin lamentar nada.

Quería encontrar a personas que hubieran conseguido lo mejor de ambos mundos. Me alegra decir que mientras trabajaba en este libro con Martin conocimos a emprendedores que habían demostrado que es posible construir empresas que revolucionaban un sector y, al mismo tiempo, llevar una vida feliz y equilibrada.

¿Cómo habéis logrado, en vuestra propia vida, alcanzar ese equilibrio?

Martin: En mi caso, la clave ha sido trabajar con grandes cofundadores. Antes de Rainmaking, hacía mis operaciones como un «lobo solitario», y eso se traducía en demasiado trabajo con muy pocos resultados. Cuando formas parte de un equipo fuerte, no hay duda de que puedes alcanzar un equilibrio sano y un progreso impresionante al mismo tiempo.

Además, me gusta poner en tela de juicio la idea de que alcanzamos nuestro máximo nivel de eficacia en la oficina. Sé que yo, personalmente, he dado con algunas de mis mejores ideas lejos del ordenador, mientras estaba corriendo o de vacaciones. En realidad, darme cuenta de ello me ha ayudado a ser más eficaz y a optimizar mi rendimiento en el trabajo.

También tengo que reconocer el mérito de algunos de mis mentores. Estar rodeado de emprendedores de éxito, que tienen familia y que consiguen tiempo para las cosas que les gustan fuera del trabajo me ha permitido aplicar algunas de sus estrategias a mi propia vida.

Jordan: Sin duda, me he encontrado enfrascado en algo y luego, como resultado, he tenido que hacer sacrificios. Pero creo que soy bastante afortunado al haber reconocido temprano que la creación de empresas puede ser una situación en la que se gana en todos los sentidos.

Para mí, fue un gran descubrimiento comprender que la felicidad lleva al éxito. No al revés. También que la salud, el descanso y las experiencias variadas son indispensables para la creatividad. Más horas de trabajo no significan necesariamente mejores resultados.

En mi caso, una gran ayuda en la búsqueda de éxito y equilibrio ha sido aprender las estrategias de los que lo han conseguido.

Conoce a los autores

CONOCE AL RESTO DE NUESTROS MODELOS DE CONDUCTA

Averigua más sobre ellos en
www.winningwithoutlosing.com

CATERINA FAKE

Cofundadora de Flick'r y Hunch.com

DAVID COHEN

Cofundador de TechStars

RANDY KOMISAR

Socio en Kleiner Purkins Caufield & Byers

BEN WAY

Emprendedor en serie e inversor de capital simiente

NICK MIKAHAILOVSKY
Fundador de Poldo y NTR Lab

TORSTEN HVIDT
Cofundador de Quartz & Co.

DEREK SIVERS
Fundador de CD Baby

MARKUS MOBERG
Cofundador de Veritas Prep

Conoce a los autores

CHRISTIAN STADIL
Emprendedor en serie, propietario de Hummel

PETER MAEGBAEK
Cofundador de Fullrate

MAXIM SPIRIDONOV
Emprendedor en serie e inversor

MARTIN THORBORG
Cofundador de Jubii y SpamFighter

HENRIK LIND
Fundador de Danske Commodities y Lind Finans

www.winningwithoutlosing.com

CRÉDITOS DE LAS FOTOGRAFÍAS

Foto de Christian Stadil / Daniel Karlsson
Imagen de portada / Patricia Hepe
Getty Images / Chris Craymer
Getty Images / Charlotte Hu
Getty Images / Dwight Eschliman
Getty Images / Gregor Schuster
Getty Images / Steve Bronstein
Getty Images / Freudenthal Verhagen
Getty Images / D-BASE
Getty Images / Harry Kikstra
Getty Images / Henrik Sorensen
Getty Images / Ed Freeman
Getty Images / Frank Herholdt
Getty Images / John Lund
Thinkstock / Michael Blann
Thinkstock / Altrendo Images
Thinkstock / Mike Powell
Shutterstock / Gergo Orban
Shutterstock / leedsn
Shutterstock / trappy76
Shutterstock / Vitalii Nesterchuk
Shutterstock / Charles B.Ming Onn

Visítenos en la web:

www.empresaactiva.com

SP
650.1 M659

Friends of the
Houston Public Library

Milne, Jordan.
Ganar, sin tener que perder
Vinson WLNF
08/14